Albert MALET

L'ANTIQUITÉ

Classe de Sixième

1re Partie

L'ORIENT

LIBRAIRIE HACHETTE & Cie

Le temps ayant manqué pour terminer le présent volume pour la rentrée des classes, nous en donnons seulement aujourd'hui la Première partie : **L'ORIENT**.

La fin, **LA GRÈCE ET ROME**, *sera terminée et mise en vente incessamment.*

L'ANTIQUITÉ

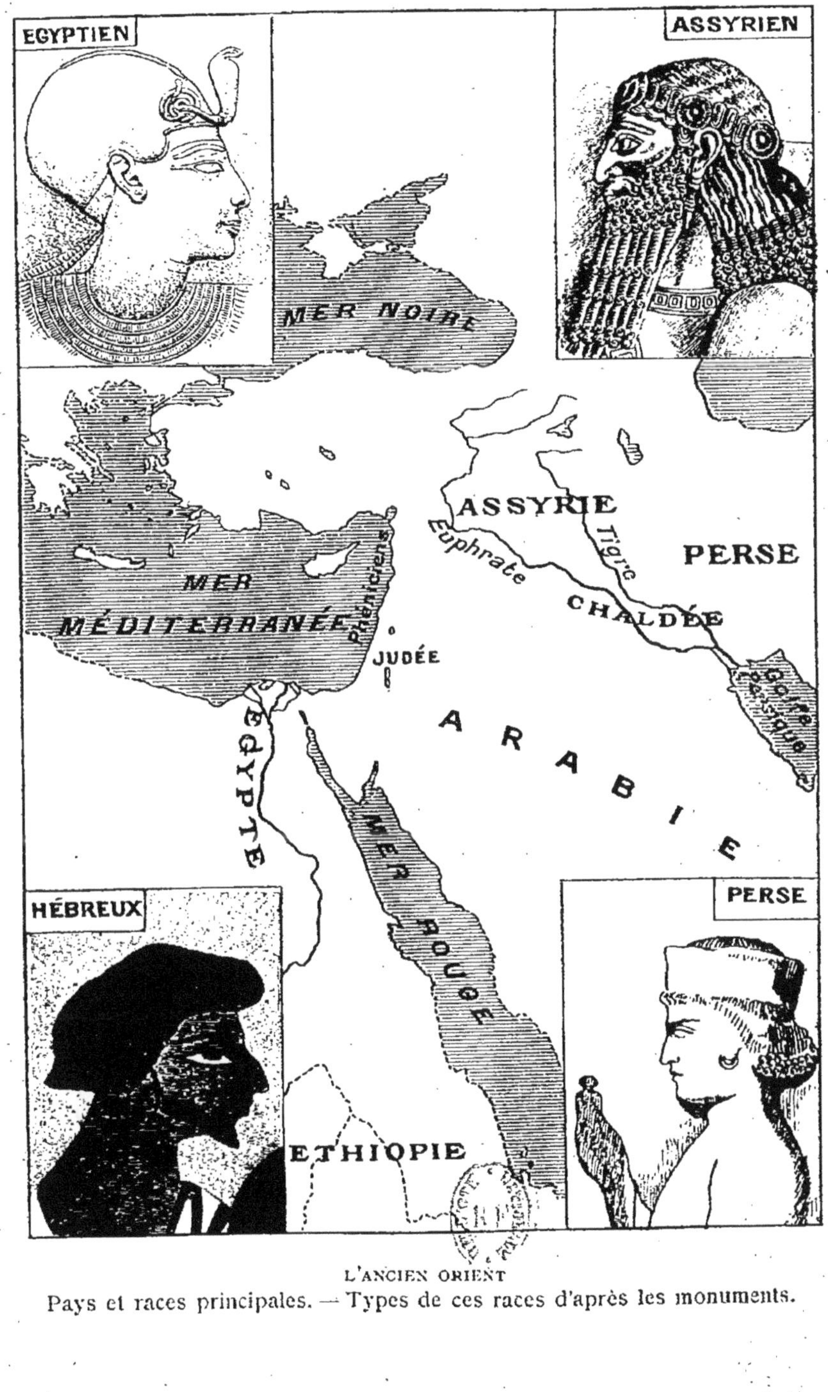

L'ANCIEN ORIENT

Pays et races principales. — Types de ces races d'après les monuments.

COURS COMPLET D'HISTOIRE
A L'USAGE DE L'ENSEIGNEMENT SECONDAIRE

Albert MALET
Professeur agrégé d'histoire au Lycée Voltaire

L'ANTIQUITÉ

ORIENT — GRÈCE — ROME

Rédigé conformément aux programmes du 31 Mai 1902.

AVEC LA COLLABORATION DE

M. Charles MAQUET
Professeur de Sixième au Lycée Voltaire

CLASSE DE SIXIÈME A et B

1re PARTIE

L'ORIENT

PARIS
LIBRAIRIE HACHETTE ET Cie
79, BOULEVARD SAINT-GERMAIN, 79

1902

AVERTISSEMENT

Nous n'avons pu terminer pour la rentrée d'Octobre 1902 que la première partie de ce volume : L'ORIENT.

Les deux autres parties, LA GRÈCE et ROME, qui compléteront ce volume seront publiées très prochainement, à temps pour être mis entre les mains des élèves en janvier.

Le **Cours complet d'histoire** à l'usage des Lycées et des Collèges, rédigé conformément aux programmes officiels du 31 mai 1902, par M. Albert MALET, professeur d'histoire au lycée Voltaire, comprendra sept volumes in-16 avec gravures et cartes, cartonnage toile.

PREMIER CYCLE. — *Divisions A et B.*

L'Antiquité, avec la collaboration de M. Charles MAQUET, professeur de Sixième au lycée Voltaire. Classe de Sixième A et B. Un volume.

Le Moyen âge et le commencement des Temps modernes (395-1453). Classe de Cinquième A et B. Un volume.

Les Temps modernes (1453-1789). Classe de Quatrième A et B. Un volume.

L'Époque contemporaine (1789-1889). Classe de Troisième A et B. Un volume.

SECOND CYCLE. — *Sections A, B, C, D.*

Histoire moderne (1498-1715). Classe de Seconde. Un volume.

Dix-huitième siècle : Révolution et Empire (1715-1815). Classe de Première. Un volume.

Dix-neuvième siècle (1815-1900). Classes de Philosophie et de Mathématiques. Un volume.

EXTRAIT DES PROGRAMMES OFFICIELS

ARRÊTÉS LE 31 MAI 1902

POUR L'ENSEIGNEMENT SECONDAIRE

Histoire

Premier Cycle. — Classe de Sixième A et B

L'Antiquité.

I.

L'Égypte. Le Nil. Religions. Mœurs. Monuments, écriture.

Chaldée et Assyrie. Babylone. Monuments, écriture, astrologie.

Les Juifs. Les patriarches. Les Juges. David et Salomon. Le Temple. Les Prophètes.

Les Phéniciens. Commerce et colonies.

Les Perses. Cyrus et Darius.

II.

La Grèce. Troie et Mycènes. Les dieux et les héros.

Sparte et Athènes. L'éducation spartiate. Les Ilotes. Les premiers temps d'Athènes. Solon.

Les fondations des colonies grecques.

Guerres médiques. Marathon. Les Thermopyles, Salamine.

La civilisation athénienne. La cité, les esclaves. Les monuments, les théâtres et les fêtes. Le siècle de Périclès.

La décadence d'Athènes. Prise d'Athènes. Socrate.

La Macédoine. Philippe et Alexandre. La conquête de l'Asie.

III.

L'Italie. Les Étrusques. Les Latins. Traditions sur la Rome primitive.

Religion romaine. Le culte.

L'armée. La discipline; les camps; le triomphe.

La conquête romaine. (L'histoire militaire de Rome ne sera pas exposée en détail. Dans les guerres principales, le professeur choisira un ou deux exemples de combats.) Pyrrhus, Hannibal, les guerres puniques.

La vie romaine. L'habitation, le vêtement, les repas, les funérailles.

La société romaine. Les esclaves, les nobles, le Sénat, les comices. Les provinces.

Les troubles civils. Les Gracques. Marius, Sylla, Pompée, César.

La conquête des Gaules. Vercingétorix.

IV.

Établissement de l'Empire. Auguste, Tibère, Néron, Vespasien, Trajan, Marc-Aurèle.

L'Empire. La défense des frontières. Les monuments, les routes. — Les mœurs, les spectacles, le cirque. Pompéi.

L'Église primitive. Les martyrs.

Anarchie et invasions. Dioclétien. Constantin.

Le christianisme religion d'État. Théodose.

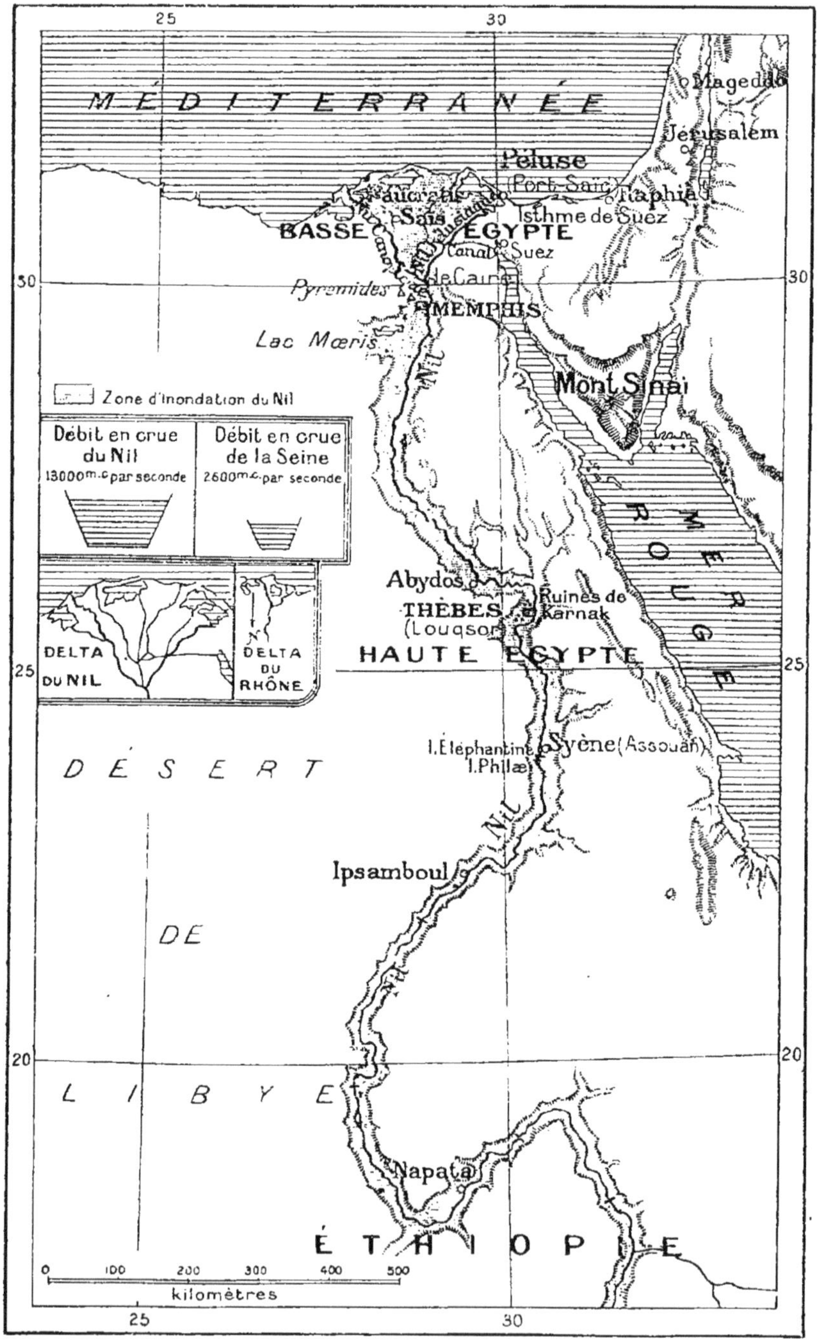

CARTE DE L'ÉGYPTE DES PHARAONS

Indiquant les pays soumis à l'influence de l'Égypte et les détails du régime du Nil avec la zone d'inondation.

L'ANTIQUITÉ

I. — *L'ORIENT*

CHAPITRE I

L'ÉGYPTE — LE NIL
LES ÉGYPTIENS — LA RELIGION

L'ÉGYPTE ET LE NIL L'Égypte est située à l'angle nord-est de l'Afrique, dans le voisinage immédiat de l'Asie à laquelle la rattache, comme un pont, l'isthme de Suez. Elle est bordée au nord et à l'est par deux mers : la Méditerranée et la mer Rouge. A l'ouest et au sud le désert l'enveloppe. Dans cette région, les pluies sont extrêmement rares; il y tombe moins d'eau en un siècle qu'à Paris en

L'ENTRÉE DU NIL EN ÉGYPTE. — Photographie prise à Philæ.

Le Nil entre en Égypte au-dessus d'Assouan à la première cataracte : il est resserré entre des rochers dénudés : d'autres rochers se trouvent au milieu du lit, encombrent le cours et interrompent la navigation.

un an. Aussi, faute d'eau, l'Egypte ne serait elle-même qu'un désert, un vaste plateau de calcaire blanchâtre et dénudé, si le Nil ne la traversait. Dans l'épaisseur du plateau s'ouvre un long et étroit couloir, dont les murailles à pic, dressées en falaises, paraissent, vues d'en bas, pareilles à des chaînes de montagnes : à l'ouest, se dresse la chaîne Libyque; à l'est, la chaîne Arabique. Entre ces murailles le Nil coule du sud au nord; il déborde chaque année au milieu de juin et ne rentre dans son lit qu'à la fin de décembre. Partout où atteignent ses eaux le sol devient fécond. Aussi les anciens disaient-ils que l'Egypte est un *don du Nil*. Le fleuve a créé une oasis longue de plus de 1000 kilomètres, large seulement de 15 kilomètres en moyenne : c'est plus que la longueur de la vallée de la Loire, le plus long de nos fleuves; c'est à peu près la largeur de la Seine à l'extrémité de son estuaire.

La Montagne. — Vue de la chaine Arabique.

Le plateau qui constitue l'Égypte tombe sur le Nil comme une falaise pareille à une muraille à pic. Cette falaise apparaît nettement au centre de la photographie. Entre le pied de la falaise bordé d'une ligne d'arbres et la rive du fleuve, se voit la plaine étroite.

Vers le nord, le couloir s'élargit, les murailles s'écartent en forme de V. Elles dessinent un angle qui fut autrefois un golfe de la Méditerranée. Le Nil l'a comblé de ses alluvions, accumulées pendant des milliers d'années : il y a créé une plaine qui s'accroît sans cesse et qui gagne chaque année près d'un mètre sur la mer. Dans cette plaine les bras du fleuve et la côte dessinent un triangle assez semblable au D de l'alphabet grec (Δ *delta* renversé) : d'où le nom de plaine du *Delta*, donné à la région par les anciens. Le couloir du Nil forme la Haute-Egypte; on donne le nom de Basse-Egypte à la plaine du Delta. L'ensemble des terres cultivables et habitables ne dépasse pas 30 000 kilomètres carrés; c'est la superficie de la Belgique alors que la superficie totale de l'Egypte est sensiblement égale à celle de la France (550 000 kilomètres carrés).

L'INONDATION ET LES PRODUCTIONS DU SOL

Sur ce petit espace — moins de cinq de nos départements — vivent aujourd'hui près de 8 millions d'hommes. La population n'était pas moins nombreuse dans l'antiquité. Elle pouvait vivre grâce à l'exceptionnelle fécondité du limon déposé par le Nil pendant l'inondation. Sur cette boue, sans labour préalable, on jetait le grain à la volée, en lâchant simplement les animaux dans les champs pour qu'ils pussent

ARROSAGE.

Là où le Nil ne peut atteindre, on élève l'eau au moyen d'un appareil appelé shadouf *semblable à celui dont les Égyptiens se servaient dans l'antiquité, comme le montre une peinture d'un tombeau : près d'un palais, dans un jardin planté d'arbres et fleuri de lotus, un fellah tire de l'eau à l'aide d'un récipient suspendu par une corde à l'extrémité d'une perche; cette perche, grâce à un contrepoids, bascule aisément sur deux poteaux.*

enfoncer en marchant les semences en terre. Le sol produisait ainsi, presque sans travail, diverses céréales : le froment, l'orge, le dourah, le millet; des légumes tels que le lupin, la fève, le pois chiche, la lentille. On élevait, à bras d'homme, l'eau du Nil là où elle ne pouvait naturellement parvenir et l'on entretenait ainsi des jardins et des vergers plantés d'abricotiers et de figuiers auxquels les vignes accrochaient leurs pampres. Les arbres étaient rares; dans certaines régions on trouvait des sycomores; seul le palmier donnait partout ses dattes et son maigre ombrage. Dans les fermes on élevait bœufs, moutons et chèvres et de nombreux troupeaux d'oies. Le cheval était un animal de luxe, importé d'Asie. Le Nil nourrissait une foule d'oiseaux aquatiques et de poissons. Il avait ses animaux particuliers, crocodiles et hippopotames; ses plantes spéciales : le *papyrus* dont l'écorce servait à faire du papier et le *lotus* dont on mangeait les graines et dont la fleur fournit aux artistes, architectes, bijoutiers, ciseleurs, de nombreux motifs de décoration et d'ornement.

LE PEUPLE ÉGYPTIEN

Les Egyptiens étaient un peuple de race sémitique, c'est-à-dire descendant de *Sem*, fils de Noé; ils venaient d'Asie et non pas d'Afrique, des pays du sud et de l'Éthiopie, comme le croyaient les Grecs. Les statues trouvées dans les tombeaux, les personnages sculptés dans les bas-reliefs qui ornent les monuments montrent que les Egyptiens d'autrefois ressemblaient aux *fellahs* ou paysans d'aujourd'hui. Quand Mariette découvrit l'une des statues les plus célèbres de l'art Egyptien, ses ouvriers crurent y reconnaître l'un des leurs et l'appelèrent *Cheik-el-Beled*, le *maire du village*. Les Egyptiens étaient généralement grands; ils avaient le bas du corps maigre, les hanches étroites, les jambes sèches; au contraire les épaules étaient larges, hautes et pleines, les bras grêles; les extrémités, pieds et mains, étaient longues et fines. Le front était bas, le nez court, l'œil grand, la bouche épaisse. L'expression du visage était douce.

UN FELLAH

Le type des fellahs, paysans de l'Egypte moderne, est le même que celui des anciens Egyptiens.

La douceur de la physionomie se retrouvait dans le caractère. Les Egyptiens étaient généralement patients, appliqués au travail, soumis à leurs maîtres, insouciants et superstitieux. L'attachement à la famille était très développé. La femme, contrairement à ce qui se produit généralement en Orient, était honorée. Elle circulait librement, sans voile sur le visage. Elle gouvernait la maison, y était souveraine. Le respect et l'affection pour la mère étaient tenus pour les premiers et les plus sacrés des devoirs.

UNE PAYSANNE.
Restitution
qui a figuré à l'Exposition de 1889.

La paysanne portait une robe que soutenaient deux bretelles; un bandeau enserre le front et les cheveux, qui étaient tressés en une multitude de petites nattes que terminait une boule de terre. Le fuseau qu'elle fait tourner de la main droite est semblable à celui qu'emploient nos fileuses à la campagne.

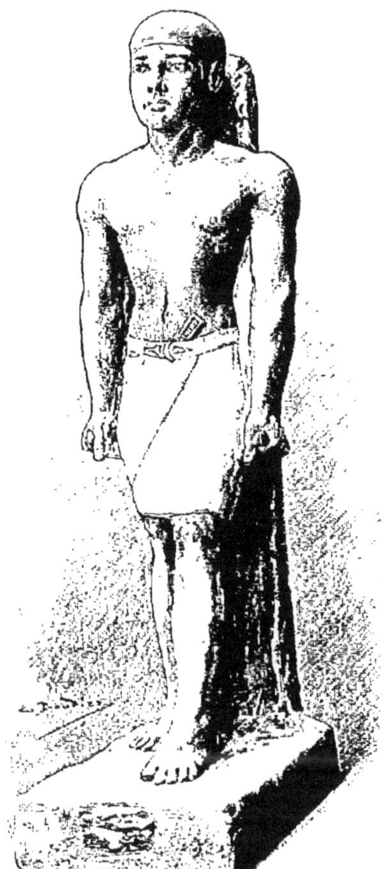

UN ÉGYPTIEN.
Statue ancienne
actuellement au musée de Gizeh.

L'Égyptien avait les épaules larges et les hanches étroites, la tête forte, le nez rond, les yeux grands; la physionomie était douce. Le costume se réduisait à une pièce d'étoffe serrée sur les hanches; la statue est ici coiffée d'une calotte analogue au fez que portent aujourd'hui les fellahs.

LA VIE, L'HABITATION ET LE COSTUME

Les mœurs étaient simples. Les gens du peuple vivaient de peu, surtout de galettes de *dourah* (sorte de millet) cuites sous la cendre. Ils habitaient de pauvres maisons, de forme carrée, faites de briques de boue mélangée de paille hachée et séchées au soleil, basses avec une toiture plate en feuilles de palmiers. Les maisons des riches plus confortables ressemblaient aux maisons arabes actuelles. Elles n'avaient guère d'ouvertures que sur les cours intérieures.

Le costume nous est connu par les peintures murales et les bas-reliefs. Les hommes de haute condition portaient une sorte de jupon plissé appelé *Calasiris* et une tunique

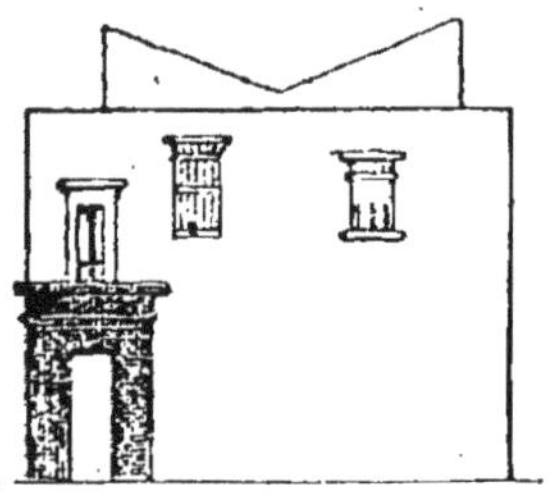

MAISON ÉGYPTIENNE.

Maison égyptienne d'après une peinture antique, et photographie d'une maison prise à Siout (Haute Egypte). La ressemblance entre les deux constructions est frappante : même absence d'ouvertures au rez-de-chaussée où s'ouvre seulement une porte, mêmes fenêtres grillagées et percées très haut au premier étage, même terrasse terminant la maison.

à manches. Les gens du peuple étaient vêtus simplement d'un *pagne*, c'est-à-dire d'une pièce d'étoffe serrée sur les hanches et descendant à peine à mi-cuisse. Les femmes portaient de longues robes étroites, soutenues par des bretelles. Les enfants étaient nus. La chaussure consistait généralement en une feuille de cuir que fixaient au pied deux courroies, l'une entourant la cheville, l'autre passant entre les doigts. Tous se peignaient le tour des yeux en noir avec de l'antimoine pour adoucir l'éclat de la lumière et éviter les ophtalmies. Les gens riches portaient de grosses perruques tressées pour se garantir du soleil.

HISTOIRE SOMMAIRE DE L'ÉGYPTE

Le Nil détermina le genre de vie des Egyptiens. Venus du dehors en *tribus errantes*, ils durent, pour se défendre de l'inondation, réunir leurs efforts, grouper leurs habitations sur des points élevés et bâtir des digues. Pour se nourrir, ils ensemencèrent les boues du fleuve. Ils prirent ainsi l'habitude de *cultiver* la terre et de *vivre en société*. Des villages et des villes se fondèrent le long du Nil. De petits Etats appelés *nomes* s'organisèrent. Les Egyptiens, fiers de leurs ancêtres, prétendaient qu'ils avaient été d'abord gouvernés par les dieux.

VILLAGE ÉGYPTIEN.

Les villages où vivent aujourd'hui les fellahs sont pareils à ceux qu'habitèrent leurs ancêtres égyptiens; sous quelques palmiers se dressent des maisons faites de boue séchée au soleil, de forme cubique, n'ayant que de rares ouvertures, une porte au rez-de-chaussée et deux fenêtres à l'étage comme on le voit à droite de la photographie.

Les nomes se groupèrent peu à peu en deux grands Etats correspondant aux deux grandes régions égyptiennes : la Basse-Egypte ou pays du nord, plus près de la mer, dont la ville principale fut **Memphis** ; la Haute-Egypte, ou pays du sud, plus loin de la mer, dont la ville principale fut **Thèbes**. Les deux états finirent par se confondre et les chefs des nomes ne furent plus que les vassaux du *pharaon*, c'est-à-dire du roi de l'Egypte unifiée. D'après les traditions, l'unité fut l'œuvre de *Ménès*. Il fut le premier roi de race humaine: mais un caractère divin resta attaché à la royauté : le pharaon était *fils de Dieu*.

Depuis Ménès jusqu'à la conquête du pays par les Perses, l'Egypte de 5000 à 525 av. J.-C., pendant près de 45 siècles, a eu 26 dynasties ou familles de rois. Les dix premières dynasties régnèrent à *Memphis*; les dix suivantes à *Thèbes*. La suprématie passa ensuite aux rois-prêtres de *Napata* en Ethiopie, encore plus loin de la mer au Sud. Alors l'Egypte traversa une période d'anarchie; elle se morcela et l'unité ne fut refaite que par les princes de la 26e dynastie qui régnèrent à *Saïs*. Cette longue histoire fut surtout intérieure. Les Egyptiens ne sortirent de leur pays que pour tenter quelques expéditions dans la direction de l'Euphrate. En revanche ils subirent l'invasion des *Hycsos* venus des déserts d'au delà de l'isthme de Suez au temps de l'empire de Memphis, celle des *Assyriens* au temps de l'empire de Napata (671 av. J.-C.). Enfin les *Perses* ruinèrent la 26e dynastie (575 av. J.-C.).

RELIGION

Les Egyptiens, peuple laborieux et pacifique, avaient une disposition particulière à l'adoration. Ils étaient, dit Hérodote, les plus religieux des hommes. Ils divinisèrent toutes les forces de la nature et tout ce qui était mystérieux pour eux dans la vie. Ils créèrent trois sortes de cultes : 1° le culte des dieux locaux, 2° le culte des grands dieux, 3° le culte des morts.

I. — Dans chaque principauté, on avait personnifié le Nil, la terre, le ciel et surtout le soleil et on en avait fait un dieu. Ce dieu était un homme, mais plus parfait et plus puissant que les autres, soumis cependant aux mêmes besoins, obligé de manger, de boire et de se vêtir. Par contre il était éternel comme les choses qu'il représentait. Souvent il résidait dans le corps d'un animal ; ainsi le dieu *Phtah* à Memphis était incarné dans le corps d'un bœuf, le *bœuf Apis*. De là, le culte des animaux sacrés. Les Egyptiens en vinrent à figurer les dieux par des êtres à corps d'hommes et à têtes d'animaux. Ces dieux avaient femme et enfant, et il se forma des trinités, comme celle d'Osiris, Isis et Horus, à Abydos.

II. — Quand les petits princes furent devenus les vassaux du pharaon, les dieux de leurs villes devinrent vassaux du dieu de la capitale. Ainsi se fonda le culte des grands dieux. Ces grands dieux étaient des personnifications distinctes du soleil considéré aux divers moments de la journée. Les plus célèbres étaient :

Horus, le soleil levant, tantôt enfant, tantôt jeune guerrier, vainqueur de *Set* ou Typhon, le dieu des ténèbres.

Osiris, le soleil couchant, tué par Set, pleuré et ressuscité par sa femme *Isis* (la lune), et vengé par son fils Horus. Sa mort fait de lui le dieu des morts.

Râ, père des pharaons, le soleil dans toute sa gloire.

Amon, dieu de Thèbes, le soleil maître de l'Egypte.

Hathor, le soleil dans sa beauté, la déesse des arts.

Ces dieux, entourés de dieux secondaires, erraient dans leurs barques sur les eaux du ciel, que les Egyptiens croyaient être un immense fleuve, un Nil démesuré. Les hommes leur élevaient sur la terre des demeures somptueuses, qui furent les temples.

III. — Il y a une autre série de dieux : les dieux des morts qui sont : *Osiris*, *Thôt* et *Anubis*. L'empire des morts est un royaume comme celui du ciel et de la terre, et Osiris en est le roi. Le mort, sujet d'Osiris, devient à son tour une sorte de dieu à qui l'on rend un culte.

CULTE DES MORTS

Pour les Egyptiens, l'homme ne mourait pas immédiatement tout entier. Quand il rendait le dernier soupir, il s'échappait de son corps un autre corps impalpable qu'ils appelaient le *Double* ou l'*âme* et qui continuait à vivre tant que le corps ne tombait pas en décomposition. De là les précautions prises pour la conservation du corps, son embaumement et sa transformation en *momie*. Le Double immatériel avait les mêmes besoins que le corps charnel. Il lui fallait une habitation : on lui bâtissait donc un tombeau, une chambre funéraire où l'on plaçait un mobilier et des aliments. On disposait encore à côté de la momie des portraits du mort, des statues faites à son image, pour que le double ne manquât pas de corps où se fixer. La momie et le tombeau étaient préparés pour l'éternité et les plus grandes précautions étaient prises pour dépister les voleurs et les profanateurs.

L'idée de cette vie souterraine du Double finit par s'épurer. On crut alors que le Double comparaissait devant Osiris et subissait un jugement solennel où le dieu Thôt pesait les cœurs dans la balance de la Vérité. Les âmes pures rejoignaient Osiris au champ des Fèves, mais après certaines transformations ou purifications; les autres étaient suppliciées et anéanties.

Les sépultures étaient établies en dehors de la zone fertile du Nil, où la sécheresse les conservait indéfiniment. Le royaume des morts était supposé commencer là où finissait la vallée du Nil, fleuve de la vie. Mais les vivants, ainsi séparés des morts en fait, vivaient continuellement avec eux en pensée. L'Egyptien n'avait pas de plus grand souci que de rendre les honneurs funéraires à ses ancêtres et de se les assurer à lui-même. Il se faisait construire un tombeau pendant sa vie et *les Pyramides*, qui sont des tombes royales, sont un monumental exemple de cette préoccupation. Comme dans la Chine moderne, les morts entouraient et tyrannisaient les vivants en leur imposant le respect des vieilles coutumes. Et ainsi les Egyptiens, isolés des peuples étrangers dans la vallée du Nil, étaient non moins tenus à l'écart des idées étrangères, et confinés dans la civilisation du Nil, par la barrière d'ancêtres qu'ils redoutaient et adoraient.

Pour comprendre et voir revivre l'Égypte ancienne, il suffit de regarder et de fouiller l'Égypte actuelle. La nature y soumet les hommes aux mêmes conditions de vie qu'autrefois.

Les tombeaux nous rendent intacts les objets usuels qu'y déposèrent les sujets des pharaons. La sécheresse du climat et l'envahissement des sables ont sauvé de la destruction complète, avec l'architecture et la décoration des temples, les formes et les couleurs de l'art ancien. Partout en Égypte les spectacles du présent évoquent la vie du passé.

INONDATION DU NIL

« L'Égypte, dit un vieil Égyptien, est tour à tour un champ de fumier, une mer d'eau douce, un champ de fleurs. » La définition est aussi vraie aujourd'hui que dans le passé grâce à l'inondation du Nil.

L'inondation et la régularité du phénomène avaient frappé d'admiration les Égyptiens parce qu'ils ne connaissaient ni les sources du fleuve sous l'équateur, ni les pluies prodigieuses qui s'abattent régulièrement dans la partie supérieure de son cours et déterminent les crues. Aussi en avaient-ils fait un dieu qui, descendu du ciel, apparaissait aux yeux des hommes entre Éléphantine et l'île de Philœ près de la cataracte de Syène. Il sortait là de deux gouffres insondables. Ses débordements étaient provoqués par les larmes d'Isis, pleurant son époux. De là venait la vertu fertilisante de ses eaux.

C'est seulement de nos jours au XIXe siècle que le cours du Nil a été entièrement connu. Le Nil est le déversoir des grands lacs équatoriaux de *Victoria-Nyanza* et *Albert-Nyanza*. Long de 6400 kilomètres il apporte à la Méditerranée les eaux du Soudan oriental concentrées dans le *Bahr el-Ghazal* et ses immenses marais, et celles du massif d'Abyssinie apportées par les affluents de la rive droite, par le *Sebat*, le *Nil bleu* et l'*Atbara*. Après avoir reçu ces grands affluents, le Nil traverse une partie du Sahara et se creuse un lit sinueux, barré par six cataractes. De Syène où se trouve la première cataracte, son cours régularisé par ces barrages naturels descend lentement à la mer. Aucun affluent ne vient renforcer le fleuve qui roule cependant 13000 mètres cubes d'eau par seconde, cinq fois plus que la Seine en crue. Au delà du Caire commence le Delta, où, comme fait le Rhône en Camargue, le Nil dépose ses alluvions et allonge chaque année les rives de ses embouchures. Il y avait jadis trois bouches principales reliées par de nombreux canaux. Les deux branches extrêmes étaient à l'ouest, la *Canopique*; à l'est, la *Pélusiaque*.

Au mois de juin, le Nil est réduit à la moitié de sa largeur. Il coule bleu clair entre des berges faites de vase et de boue noire. La végétation est partout desséchée par le vent des sables, soufflant du Sud. Alors le Nil commence à grossir, il perd sa couleur et roule des eaux verdâtres et malsaines. Cette coloration verte est due aux détritus des marais du Bahr el-Ghazal. Au bout de quelques jours le *Nil vert* augmente de volume et change une fois encore de couleur. Ses eaux sont chargées d'une boue rouge

L'Inondation. — Photographie prise à Siout.

Le fleuve débordé recouvre de ses eaux tout l'espace entre les falaises qui bordent sa vallée; — seuls émergent comme des îlots les villes et les villages et les levées de terre qui les rejoignent. On voit à droite une de ces jetées conduisant à Siout. — A gauche, des bouquets de palmiers. — A l'horizon, la ligne des falaises.

qui ne les empêche pas d'être fraîches et saines. Le fleuve semble rouler du sang; c'est le *Nil rouge.* Vers le 15 juillet on rompt les digues qui encaissent le fleuve; les eaux se répandent sur les campagnes et y déposent un limon fertilisant. Toute la vallée entre les deux chaînes n'est plus qu'une nappe d'eau trouble qui miroite sous le soleil et d'où émergent, pareils à des îles, les villages entourés de palmiers et les lignes sombres des chaussées qui les relient. Aux mois d'août et de septembre la crue est dans son plein; puis jusqu'en décembre le fleuve rentre peu à peu dans son lit. C'est alors que se font les semailles, suivies, quatre mois après, de la moisson.

La crue du Nil est la fête de la nature en joie. Le paysage s'anime, les hommes et les animaux se réveillent de leur torpeur; la vie renaît en tous lieux. Un vieux cantique en l'honnenr du dieu Nil célèbre cette renaissance en ces termes : « Salut, ô Nil! ô toi qui t'es manifesté sur cette terre et qui viens en paix pour donner la vie à l'Égypte. Tu abreuves la terre en tout lieu, Dieu des Grains, seigneur des Poissons, créateur du Blé, producteur de l'Orge.... Se lève-t-il, la terre est remplie d'allégresse, tout ventre se réjouit, tout être organisé a reçu sa nourriture, toute dent broie. Il apporte les provisions délicieuses, il crée toutes les bonnes choses, le seigneur des nourritures agréables et choisies. Il fait pousser l'herbe pour les bestiaux, il prépare les sacrifices pour chaque dieu. Il s'empare du pays pour remplir les entrepôts, pour combler les greniers, pour préparer les biens des pauvres. »

IMPORTANCE ET RÔLE DE L'ÉGYPTE

Pour les mêmes raisons qu'autrefois l'Égypte continue d'être aujourd'hui la terre favorite des commerçants, des touristes et des conquérants. Située à portée presque égale de l'Europe, de l'Asie et de l'Afrique, elle est le lien naturel de l'Orient et de l'Occident. Pour le commerce elle est la route des Indes; au point de vue militaire elle est la clef du monde; au savant et à l'historien elle offre les vestiges de la plus vieille de nos civilisations. Les aventuriers grecs et les marchands phéniciens y cherchèrent fortune comme l'ont fait heureusement nos industriels français au XIXe siècle. Alexandre et Bonaparte voulurent s'assurer la possession du Nil avant de tenter la conquête de l'Orient. Les plus fameux sages de la Grèce, Pythagore, Hérodote, allèrent s'instruire auprès des prêtres de Memphis et de Thèbes. Ce fut à Alexandrie, après la conquête grecque, que se combinèrent les civilisations du vieil Orient et de la Grèce pour donner bientôt aux Romains, maîtres du monde, une civilisation universelle. La valeur de l'Égypte moderne semble avoir été doublée par le percement du canal de Suez; mais le pharaon Néchao, de la 26e dynastie, avait déjà construit un canal du Nil à la mer Rouge. Les choses d'Égypte excitent donc à bon droit notre curiosité, parce qu'elles contiennent toujours une part d'actualité.

LES SYMBOLES ANTIQUES

L'art et le langage religieux des Égyptiens, si obscurs en apparence, deviennent clairs dès que l'on parcourt les bords du Nil. Les Égyptiens, comme tous les peuples primitifs, ont parlé par symboles, c'est-à-dire ont figuré les idées par des objets matériels et des

LA VACHE HATHOR. ISIS HATHOR. ISIS.

Les cornes de la vache deviennent les attributs de la déesse Isis coiffée du diadème à cornes de vache.

choses naturelles. Ainsi les Égyptiens ont fait du lotus l'emblème de la pureté, parce que cette plante pousse en plein fleuve à l'abri du contact salissant des boues. Le scarabée est l'image de la divinité créant le monde, parce que chaque jour on le voit façonner la boule de terre dont il fait son nid. Les dieux voyagent sur une barque d'or parce que la barque est le seul moyen de locomotion aux temps primitifs où le Nil était la seule voie de communication entre les villes du pays. Les dieux solaires sont représentés avec des cornes qui encadrent un disque, souvent même avec une tête de vache. Ces figures expriment le lever du soleil. L'astre apparaît en effet, dans les échancrures de la chaîne Arabique, comme un globe entre deux cornes.

LE MYTHE D'OSIRIS

Les peuples primitifs aiment à expliquer les phénomènes naturels sous la forme d'un récit d'aventures humaines. Ces récits s'appellent des *mythes.* Les Égyptiens en ont inventé beaucoup; le plus célèbre est celui d'*Osiris.* Osiris, mari de sa sœur Isis, était roi de la vallée du Nil. Après avoir donné des lois à son pays, il voulut parcourir le monde pour enseigner aux hommes les arts de la paix. A son retour, il fut assassiné par son ennemi Typhon ou Set, qui coupa son corps en morceaux et dispersa les membres dans la vallée. Isis se mit à la recherche de son époux en versant des larmes; elle rassembla ses membres et les embauma avec l'aide des dieux Thôt et Anubis; ce fut la première momie. Son fils Horus attaqua Typhon, l'enchaîna et le remit à sa mère qui lui pardonna. Osiris était vengé, mais Horus dut sans cesse recommencer la lutte contre son ennemi. Traduisons ce mythe : le soleil (Osiris) se lève sur l'Égypte; il poursuit sa course; à la fin de sa course, il semble enserré d'abord, découpé ensuite par les ténèbres du soir (Typhon). Un autre astre paraît et donne la lumière aux hommes, la lune (Isis). Elle semble errer dans la nuit jusqu'au moment où le soleil levant (Horus) dissipe les ténèbres. Plus tard, ce mythe passa du monde naturel au monde moral et il exprima alors la lutte du bien et du mal.

OSIRIS.
Drapé comme une momie, il porte le disque solaire sur la tête. Il a dans la main le fouet qui excite et le crochet qui retient.

LA MOMIE

La conservation du corps avait, dans l'esprit des Egyptiens, une importance capitale, puisque la vie du *Double* y était attachée. Si l'on rendait le corps éternel, on assurait en même temps l'immortalité du *Double.* On préparait donc les corps avec le plus grand soin. Voici, d'après Hérodote, comment on procédait :

« Il y a dans chaque ville, dit-il, des embaumeurs de profession; quand les parents du mort apportent le corps, l'embaumeur leur montre des modèles peints, en bois, et leur demande lequel ils choisissent. Il y a trois classes à des prix différents;

PRÉPARATION DE LA MOMIE.
Les employés des pompes funèbres achèvent d'envelopper de bandelettes, le corps momifié est placé sur deux tréteaux. Un masque en carton fait à la ressemblance de la morte a été placé sur le visage.

le modèle le plus cher représente le dieu Osiris. Quand les parents ont convenu du prix, ils se retirent; l'embaumeur travaille chez lui.

« Pour un embaumement de première classe, il retire d'abord

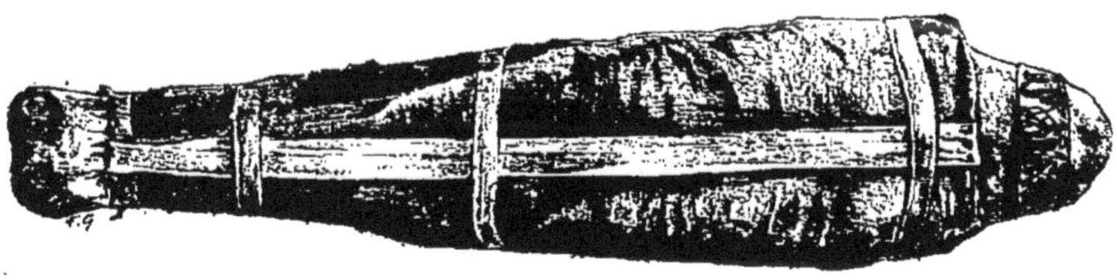

MOMIE ENVELOPPÉE DANS SON LINCEUL.

la cervelle en la tirant par les narines avec un fer recourbé et en la dissolvant avec un liquide qu'il injecte dans la tête. Puis il ouvre le côté; il tire par l'ouverture les intestins, les lave dans du vin de palmier, les saupoudre d'aromates broyés. Puis il emplit le ventre de myrrhe, de cannelle et d'autres parfums et le recoud. Le corps est alors placé dans du natron (sel de soude) pendant soixante-dix jours. »

Au bout de soixante-dix jours, le corps desséché, à peu près réduit au squelette et à la peau, était enveloppé de bandelettes de toile enduites de gomme. On l'enfermait ensuite dans trois linceuls successifs et dans une toile rouge fixée par des bandes

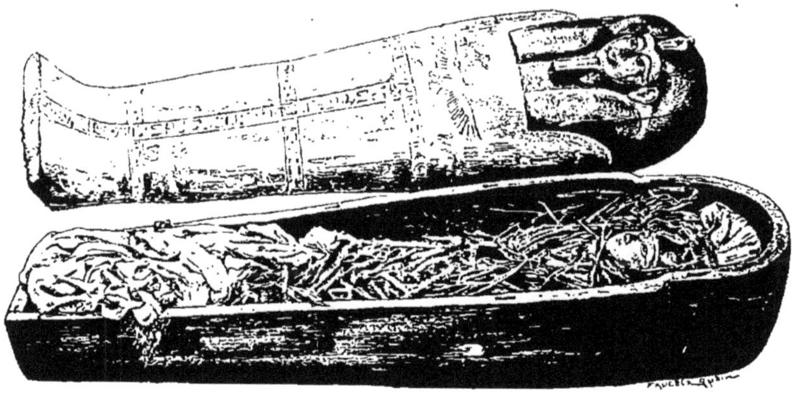

CERCUEIL AVEC SA MOMIE.
Le couvercle du cercueil est enlevé : il est sculpté à la ressemblance du mort; dans le cercueil on voit la momie; le linceul a été défait et ramené aux pieds; le masque a été laissé sur le visage.

disposées en long et en travers. La momie était alors placée dans un double cercueil de bois, qui reproduisait à peu près la forme du corps : à la tête était sculpté le portrait du défunt.

LES FOUILLES Ce qui surtout nous révèle la vie de l'ancienne Égypte, c'est le sol même de l'Égypte. Nous connaissons dans leurs détails les coutumes, les occupations, l'art et la morale des anciens Égyptiens, et cela grâce aux fouilles des savants. Les temples abandonnés en ruines étaient envahis par les sables. On les dégage, et sur les colonnes couvertes de figures et d'hiéroglyphes, on déchiffre les mystères de la religion, les rites du culte et les dédicaces pompeuses des rois. Auprès de chaque ville ancienne, et en particulier dans le voisinage de Memphis et de Thèbes, les sépultures accumulées formaient de véritables villes des morts, où l'Égyptien croyait conserver pour l'éternité son corps et ses habitudes de ce monde. On pénètre aujourd'hui dans ces appartements mortuaires, souvent dissimulés dans un labyrinthe de couloirs. Dans les sarcophages de carton enluminé, de forme humaine, on retrouve les momies embaumées et entourées de bandelettes. Auprès des momies sont les objets familiers du mort; les armes et les outils des hommes, les bijoux des femmes, les jouets des enfants, les livres des savants, les statues ou portraits du défunt, les figurines et les images des dieux qui le protègent, en un mot tout ce qui garnit les salles égyptiennes de nos musées. Sur les murs du tombeau sont peintes les scènes de la vie de chaque jour. On y voit des laboureurs aux champs, des rois et des prêtres aux cérémonies, des soldats à l'exercice, des ouvriers au travail, et la fraîcheur de ces peintures fait renaître à nos yeux ces temps disparus. L'âme même de ce peuple réapparaît dans le *livre des morts* que chaque momie a auprès d'elle, pour le réciter comme une plaidoirie en sa faveur au jour du jugement devant Osiris, juge suprême des âmes. On y lit : « Je n'ai pas menti au tribunal. Je n'ai pas été paresseux. Je ne connais pas la mauvaise foi. Je n'ai pas commis de sacrilège. Je n'ai point usurpé la terre. Je n'ai fait pleurer personne. Je n'ai point tué. Je n'ai point volé les bandelettes ni les provisions des morts. Je n'ai pas coupé un canal. Je n'ai pas enlevé le lait de la bouche des nourrissons. Je suis pur! je suis pur! je suis pur! » C'est d'un idéal très élevé.

Pour toutes ces raisons, étudier l'histoire d'Égypte, c'est apprendre à connaître le berceau de notre civilisation et de notre morale.

Papyrus.

Grand roseau, du delta du Nil. L'écorce desséchée et travaillée donnait une espèce de papier. Les feuilles ont servi de modèle décoratif.

Lotus.

Sorte de nénuphar qui fournit un fruit rempli de graines comestibles. Le fruit, la feuille et la fleur ont fourni de nombreux motifs d'ornementation.

CHAPITRE II

LA SOCIÉTÉ ÉGYPTIENNE — LES PHARAONS

MONUMENTS — ARTS — ÉCRITURE

Les Egyptiens nous apparaissent comme un peuple d'agriculteurs, d'administrateurs et de maçons. Ils n'eurent pas l'esprit guerrier, parce que leur terre était fertile et qu'ils n'avaient point de voisins. Ils eurent un caractère sociable et discipliné parce qu'ils éprouvèrent le besoin de s'associer pour faire les digues, les canaux et tous les travaux nécessaires à la culture de leur vallée. La vie humaine, changeante et périssable, leur semblait peu de chose en face du Nil et du Soleil, qui ne changent jamais. Cela leur donna l'idée de l'éternité, et ils voulurent honorer par des monuments éternels leurs dieux et leurs morts, qui étaient pour eux des êtres éternels. Ainsi leurs mœurs, leur gouvernement et leur art sont encore l'œuvre du Nil.

LES CLASSES

On distinguait, chez les Egyptiens, les prêtres, les guerriers, les scribes, les marchands, les ouvriers, les paysans. Les prêtres et les guerriers formaient deux classes privilégiées.

Les *prêtres* étaient ministres du culte, administrateurs des biens des dieux, savants et devins. Ils étaient puissants par la richesse des temples, par leur science qu'ils gardaient secrète, par leur autorité due au respect et à la terreur qu'ils inspiraient. Ils étaient tenus à certaines règles de vie. Ils devaient ne rien toucher d'impur, porter des robes de lin, avoir la tête rasée et jeûner fréquemment.

Les *guerriers* formaient des familles vivant sur des domaines concédés par le pharaon. Ils devaient, sous peine de confiscation, répondre à toutes les convocations. Les enfants recevaient une éducation spéciale dans les camps. L'armée se composait surtout d'infanterie divisée en deux corps : l'un armé de la lance et de la hache, l'autre de l'arc et du poignard. Les armes défensives étaient le casque rond, la cuirasse écaillée et le bouclier. Il y eut aussi, mais assez tard, des corps de chars. Hérodote nous apprend que, de son temps, la classe des guerriers comprenait plus de 400000 hommes. Les derniers pharaons y adjoignirent des mercenaires étrangers.

Les *scribes* étaient ceux qui savaient lire et écrire. Sans former une classe, ils tenaient une très grande place en Egypte. Ils étaient, comme les lettrés chinois, seuls capables d'arriver à tout. Ils pouvaient rester commis aux écritures chez les particuliers, mais ils devenaient facilement fonctionnaires, prêtres et même ministres du pharaon. Bien des familles s'imposaient de lourdes dépenses pour faire de leurs enfants des scribes.

Les *marchands* d'alors ressemblaient aux marchands orientaux d'aujourd'hui. Ils vendaient, dans de petites boutiques, des objets qu'ils fabriquaient eux-mêmes avec leurs ouvriers. Les articles les plus réputés étaient la verrerie, les bijoux, les étoffes et les cuirs brodés.

MENUISIERS.

Un menuisier, à l'aide d'un archet, fait tourner un vilebrequin et perce des trous dans les montants d'une chaise.

Les *ouvriers* exerçaient tous les métiers connus. Vêtus d'un simple pagne, ils travaillaient dans les ateliers ou les chantiers sous la surveillance de contremaîtres qui les conduisaient au bâton. Certains métiers, tels que celui de tisserand, étaient réglementés par des ordonnances royales. Ils étaient payés en nature, c'est-à-dire en vivres. Il en résultait souvent des grèves quand tout avait été mangé trop

BRIQUETIERS.

Cette petite scène montre avec quel talent, il y a trois ou quatre mille ans, les artistes Égyptiens savaient rendre la vie. En bas, à gauche, les ouvriers piochent la terre et en remplissent le panier que porte l'un d'eux. En haut, à droite, un ouvrier surveillé par un contremaître, assis les genoux aux dents, remplit de terre les moules à briques; à gauche les moules sont disposés pour faire sécher la brique au soleil; en bas, à droite, un ouvrier apporte, suspendues aux deux extrémités d'un bâton passé sur ses épaules, des briques dont un camarade construit un mur, en les disposant comme on le fait aujourd'hui.

vite. Parmi eux, ceux qui travaillaient à l'embaumement des cadavres étaient traités en impurs et relégués dans les faubourgs.

Les *paysans* labouraient avec une charrue sans roues, celle qu'emploie encore le fellah, et moissonnaient à la faucille. Les travaux d'irrigation et d'arrosage leur étaient familiers. Ils payaient difficilement leurs redevances, et les scribes du trésor les faisaient fréquemment bâtonner.

La Moisson. — D'après une peinture d'un tombeau.
L'Égyptien moissonnait comme fait encore aujourd'hui notre paysan dans certaines provinces : il prenait de la main gauche une poignée d'épis et coupait la paille à mi-hauteur avec sa faucille.

LES PHARAONS

Le roi ou pharaon est maître absolu de l'Égypte, et tous ses sujets, quelle que soit leur élévation, ne sont pour lui que des esclaves, car il est reconnu fils de Râ, le soleil, et est tout-puissant comme son père. Mais, comme son père, il doit assurer le bonheur de l'Egypte en la protégeant, en l'administrant, en l'embellissant. Les rois furent donc guerriers, administrateurs et bâtisseurs.

GUERRES DES PHARAONS

Les guerres furent surtout des guerres défensives ou des razzias. Seuls, les Thoutmès et les Ramsès, pharaons de Thèbes, cherchèrent à étendre leur empire jusqu'à l'Euphrate. Les guerres se faisaient dans deux directions. Tantôt les pharaons remontaient le Nil et domptaient les tribus nègres, tantôt ils franchissaient l'isthme de Suez, pénétraient en Palestine et en Syrie ou redescendaient vers l'Arabie et le Sinaï. Il y eut aussi de petites guerres pour refouler les Bédouins du désert de Lybie ou les pirates de la Méditerranée. Les peuples vaincus payaient un tribut, et les prisonniers nègres ou asiatiques étaient employés aux constructions. Souvent les pharaons incorporaient dans leur armée les guerriers dont ils avaient triomphé. Ainsi la garde de Ramsès II était composée de Shardanes, peuple de la Tripolitaine réputé pour sa bravoure. Le même fait avait dû se produire lorsque les Hycsos, après deux siècles d'occupation, furent chassés d'Égypte par les pharaons nationaux.

INFANTERIE ÉGYPTIENNE.

A droite, la grosse infanterie, portant le bouclier et la lance. — A gauche, l'infanterie légère, l'arc à la main gauche, des flèches dans la main droite. Les poitrines sont nues, de grosses perruques couvrent les têtes.

ADMINISTRATION DES PHARAONS

L'Egypte était divisée en provinces ou nomes ayant à leur tête un gouverneur nommé par le pharaon. Il était assisté de nombreux fonctionnaires qui administraient la culture, le commerce, la justice et la rentrée des impôts au nom du pharaon. Le pharaon semble ainsi diriger tout en Egypte. Il dicte les lois, rend la justice, assure le bien-être par les travaux d'utilité publique. Il répare et entretient les digues et les canaux. La gloire de Ménès est d'avoir construit une digue à Memphis, celle d'Amenhemat est d'avoir creusé le lac Mœris, celle de Néchao d'avoir rejoint par un canal le Nil à la mer Rouge.

MONUMENTS DES PHARAONS

Le pharaon cherchait à perpétuer son nom de deux façons. Il bâtissait des temples pour ses dieux favoris et un tombeau pour lui-même. Les temples de *Louqsor* et d'*Ipsamboul* sont des constructions de Ramsès II et leurs murs chantent sa gloire. Les pyramides sont les tombeaux des vieux rois de Memphis : Kheops, Khephren et Mycérinus.

L'ART ÉGYPTIEN

L'art national des Egyptiens est l'architecture. Les sculpteurs et les peintres ne furent que des auxiliaires des architectes. Ceux-ci employèrent, pour les temples et les tombeaux, le calcaire, le grès et le granit rose ou bleu des montagnes. Ils employèrent la brique pour les murailles et les maisons. Ils inventèrent la voûte, la colonne et la travée droite. Ils élevèrent à un grand degré de perfection l'art d'assembler les pierres. Cette habileté et aussi la sécheresse du climat explique comment la vallée du Nil a conservé tant de monuments anciens.

LES TEMPLES

Les temples égyptiens étonnent par leurs dimensions et leur solidité. Il y en avait de deux espèces. Les uns étaient élevés en plein air, les autres creusés dans le roc; la disposition intérieure restait la même. Les plus célèbres sont les temples en ruines de *Karnak* et de *Louqsor* sur l'emplacement de l'ancienne Thèbes; les temples de l'île de *Philæ*, conservés presque intacts, et les temples souterrains d'*Ipsamboul*. Le *labyrinthe*, si vanté des Grecs, était sans doute un temple construit près du lac Mœris.

LES TOMBEAUX

La croyance à la vie du tombeau donna naissance à l'architecture funéraire. Cette architecture comprend trois types principaux : les *pyramides*, les *mastabas* ou pyramides tronquées, les *hypogées* ou tombeaux souterrains creusés dans le roc. Dans les hypogées, l'entrée du tombeau est marquée par une sorte de portail appelé *stèle*. Dans tous les tombeaux, la chambre funéraire est située loin de l'entrée, au bout d'une série de couloirs et de puits destinés à dépister les voleurs. La partie monumentale de la sépulture n'est donc que l'extérieur du tombeau.

LES STATUES Les statues décorent les façades ou garnissent les temples et les tombeaux. Leurs formes sont raides, les membres restent rapprochés du corps, parce que la pierre employée était très dure et qu'il était difficile de la travailler avec les instruments de bronze dont on disposait. Plus la statue est grande, moins les formes sont dégagées : on ne trouve quelque aisance de mouvements que dans les petites statues tombales, faites en pierre tendre. On peut diviser les statues en trois groupes : les *colosses*, les *statues décoratives*, les *statues funéraires*.

Des statues assises de rois, hautes de 20 mètres environ, étaient adossées aux pylônes ou portails des temples; tels sont les deux colosses dits de Memnon. D'autres colosses étaient des sphinx, lions accroupis à tête d'homme, figuration du dieu Râ, que l'on disposait en allées devant les temples. Le plus ancien et le plus fameux des sphinx, le grand sphinx de Giseh, auprès des Pyramides, est un rocher sculpté ayant 20 mètres de haut et 30 de long.

SCULPTEURS.

Des sculpteurs achèvent une statue colossale. Des échafaudages entourent la statue. Sur le plancher supérieur à gauche, l'artiste achève de sculpter le serpent qui orne la coiffure du colosse; à droite et en bas les ouvriers polissent la pierre.

Nos musées sont remplis de statues décoratives. Elles représentent des rois ou des dieux, dans leurs poses sacrées, avec leurs attributs. Elles sont très diverses de taille et de matière; quelques-unes sont en bronze.

Les statues funéraires sont les plus intéressantes, parce qu'elles sont des portraits. Mises dans les tombeaux pour incarner le double du mort, elles représentent l'homme dans une attitude familière avec une grande vérité. La plus belle est celle du *Scribe accroupi*, qu'on peut admirer au musée du Louvre.

LES BAS-RELIEFS Les murailles et les colonnes des temples sont ornées de dessins sculptés qui représentent des scènes de la vie des dieux ou des rois, et qu'on appelle bas-reliefs. Il y en a de trois sortes. Les uns dessinent les personnages d'un simple trait gravé dans la pierre. D'autres les représentent en creux, comme sont les lettres d'un cachet. D'autres les représentent en relief. Tous les détails du visage, du costume et des accessoires sont peints. Le dessin est gauche. Les corps sont souvent de face, alors que la tête est de profil. Il n'y a pas de perspective.

LA PEINTURE

La peinture n'était pas, comme chez nous, un art séparé. On peignit d'abord les murailles, les statues, les bas-reliefs. Plus tard, on peignit à la fresque, c'est-à-dire sur une surface couverte d'un enduit, des scènes familières, qui furent seulement des bas-reliefs non gravés. Les artistes ne dessinaient que les contours et les enluminaient de teintes plates et conventionnelles. Le coloris était vif, et comme les artistes avaient le goût du détail et reproduisaient scrupuleusement ce qu'ils voyaient, ces peintures murales, très fréquentes dans les tombeaux, sont parmi les plus précieux documents sur la vie de l'ancienne Egypte.

L'ÉCRITURE

L'écriture semble, à l'origine, être une décoration accessoire de l'architecture. Les premiers signes furent des emblèmes gravés. Puis ces emblèmes prirent la valeur de mots, de syllabes et de lettres. Ainsi se créa la première écriture, dont les caractères s'appellent *hiéroglyphes* ou caractères sacrés, employés pour les inscriptions des monuments. Dans la vie courante, on se servit de formes de plus en plus abrégées des signes hiéroglyphiques, qui furent l'écriture *hiératique*, puis l'écriture *démotique*, d'où les Phéniciens tirèrent leur alphabet.

Les lois de la lecture des hiéroglyphes furent découvertes, en 1822, par le Français Champollion, et ainsi fut créée l'*égyptologie*, science qui consiste à déchiffrer et à traduire les inscriptions des monuments égyptiens. Dans cette science, la France a toujours gardé le premier rang, grâce aux travaux de Rougé, Chabas, Mariette, Grébault et Maspero.

LE SCRIBE

Dans la société égyptienne, certains personnages ont une physionomie très particulière et jouent un rôle prépondérant. Au premier rang se place le *scribe*. Le scribe est celui qui a étudié, qui sait lire, écrire et tenir les comptes. Il est, par suite, l'agent indispensable et comme l'œil et le bras du maître. Il perçoit les impôts; il surveille les chantiers; il recrute et arme les soldats. On le trouve partout, au service du riche particulier, dans la boutique du négociant, comme dans les fermes ou les palais du pharaon. Il est contremaître ou ingénieur, architecte ou receveur des contributions, prêtre, général, selon ses aptitudes, le succès dans les examens ou la bonne fortune. Il mène avec lui des nègres, armés de lattes de palmier, qui font exécuter ses ordres. Il est généralement tout gonflé de son importance, convaincu que nul ne lui est comparable et, comme fait aujourd'hui le mandarin en Chine, il regarde le reste des hommes comme fort au-dessous de lui et méprisable. Il se moque du forgeron toujours à la gueule de son four, du tailleur de pierre toujours accroupi et l'échine rompue, du barbier qui mendie la pratique de maisons en maisons, du tisserand, du teinturier dont les doigts puent le poisson pourri, du cordonnier qui a la santé d'un poisson crevé. « J'ai contemplé les travaux manuels, disait un scribe à son fils, et, en vérité, il n'y a rien au-dessus des lettres. Aussi te fais-je aimer la littérature, ta mère; je fais entrer ses beautés en ta face. Elle est plus importante que tous les métiers; celui qui s'est mis à en tirer profit dès son enfance est honoré. »

LE PHARAON

Le scribe était l'agent principal du pharaon. Le pharaon, le roi, était tenu pour fils du dieu Râ, le Soleil, et dieu lui-même. Aussi l'adorait-on et lui élevait-on des temples où l'on célébrait son culte, comme on le

UN PHARAON. — RAMSÈS II.

Ramsès II sur son char de guerre attelé de deux chevaux caparaçonnés et empanachés. Le Pharaon porte la mitre royale ornée sur le devant du serpent; un large collier lui descend sur la poitrine; il est vêtu d'une tunique d'étoffe transparente; il porte des bracelets au haut des bras et aux poignets. Il tient de la main gauche son arc et les rênes des chevaux; de la main droite, un sabre court et recourbé et son fouet. Au côté du char sont accrochés l'étui de l'arc et le carquois. Un archer de la garde précède les chevaux qu'accompagne le lion apprivoisé du Pharaon.

fit plus tard à Rome pour les empereurs des premiers siècles de notre ère. Sur les monuments, l'image du roi était ornée des attributs de la divinité, le disque solaire entre deux cornes et l'épervier divin, symbole du dieu Horus. L'emblème royal était le sphinx, qui symbolisait la force et l'intelligence. La coiffure

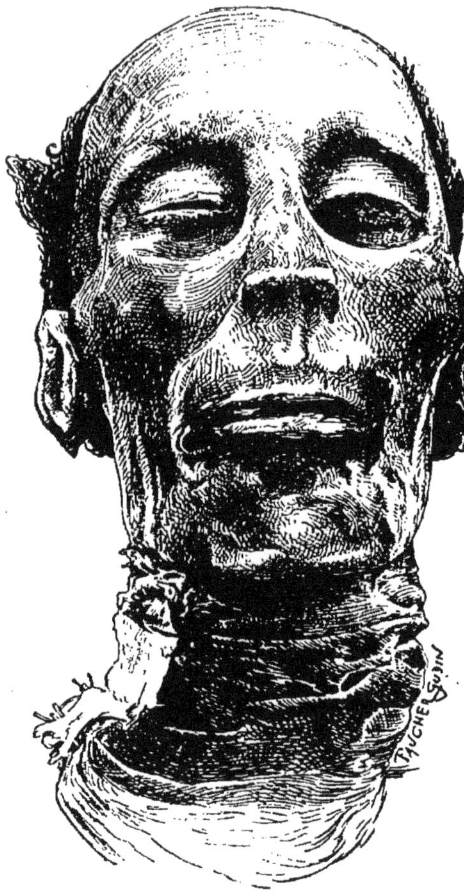

RAMSÈS II.

Tête de la momie de Ramsès II, après l'enlèvement du masque et des bandelettes que l'on voit encore autour du cou.

royale ou *pschent*, était une espèce de mitre qui symbolisait l'union de la Haute et de la Basse-Égypte : elle était composée de deux coiffures emboîtées : l'une, rouge et basse, couronne de la Basse-Égypte; l'autre, blanche et en forme de bonnet de coton, couronne de la Haute-Égypte. La partie inférieure était cerclée d'une vipère d'or dont la tête se dressait à l'avant du pschent.

Le pharaon vivait dans son palais entouré d'officiers et d'innombrables serviteurs, chasse-mouches, porte-parasols, gardiens de l'arc royal, chef des gardes du corps, intendants du palais, trésoriers, écuyers, bibliothécaires, chefs de musique, surveillants des greniers et des troupeaux, etc. Quand il sortait, c'était le plus souvent entouré d'un magnifique cortège. On le portait sur son trône, que surmontait un dais soutenu par douze personnages; des serviteurs l'encensaient et agitaient autour de lui de grands éventails.

Sur le Nil, la galère royale était éblouissante de dorures. Ce luxe et cet apparat étaient pareils à ceux que déploient encore aujourd'hui les souverains de l'Asie orientale, empereur de Chine ou roi de Siam.

Ce roi, monarque absolu parce qu'il était fils de Dieu, maître de la terre et de la vie de ses sujets, était l'esclave de l'*étiquette*, c'est-à-dire d'une règle de vie qui déterminait l'emploi de son temps et fixait ses occupations pour toute la journée. Il ne vivait pas en roi fainéant : il devait, chaque matin, prendre connaissance de tous les rapports qui lui étaient adressés par les gouverneurs.

Parmi les pharaons, il en est un qui fut particulièrement célèbre, *Ramsès II*, qui régna à Thèbes et dont le règne dura soixante-sept ans (XIVe siècle). Les Grecs l'appelaient Sésostris, le représentaient comme le plus sage des rois et lui attribuaient tout ce qu'avaient fait de grand les Égyptiens; car ils aimaient à résumer l'histoire d'un peuple dans l'histoire d'un homme. Ramsès ne fut pas le grand conquérant de la légende, mais il est le type du roi égyptien, *guerrier* et *bâtisseur*. Il ravagea la Syrie et l'Éthiopie, fit achever le grand temple d'Ammon, à Thèbes, et creuser les temples souterrains d'Ipsamboul. Mais les flatteurs voulurent ajouter à ses œuvres réelles, et sur les monuments qu'il fit restaurer on effaça les noms des véritables fondateurs et l'on y substitua le sien.

UN TEMPLE ÉGYPTIEN

Un temple est à la fois le domaine et la maison du dieu. Il est enclos d'une vaste enceinte de briques qui renferme toute une population occupée au service du dieu. Il contient des logements de prêtres et de serviteurs, des ateliers, des bâtiments de service, des parcs pour les animaux destinés aux sacrifices. Il ressemble à certaines grandes abbayes du moyen âge.

INTÉRIEUR RESTAURÉ DE LA SALLE HYPOSTYLE.

Au milieu l'allée centrale avec ses colonnes de 23 mètres de haut et leurs chapiteaux évasés. A droite et à gauche les allées latérales dont les colonnes plus petites supportent une galerie percée de fenêtres. La gravure permet de se rendre compte de la décoration en bas-reliefs peints où l'on distingue plusieurs personnages des pharaons en prières.

Le temple proprement dit est au centre du domaine, dans une deuxième enceinte. On y accède par une avenue dallée décorée de chaque côté par des rangées de sphinx.

L'entrée du temple est une construction monumentale appelée *pylône*. Elle comprend une porte flanquée de deux tours

ALLÉE CENTRALE DE LA SALLE HYPOSTYLE.
État actuel.

en forme de pyramides tronquées, couvertes de bas-reliefs et d'inscriptions. En avant du pylône se dressent, sur un piédestal, deux aiguilles de granit d'un seul bloc ou *obélisques*. Au pylône sont adossées les statues colossales des rois fondateurs. Le pylône franchi, on entre dans une cour entourée de *portiques* ou galeries où se déroulent les processions.

Au fond de la cour s'élève une grande salle où le public est admis certains jours. C'est la salle *sous colonnes* ou *hypostyle.*

Elle se compose de trois travées dont celle du milieu, plus haute que les deux autres, mène à la *salle de l'apparition.* C'est là que les prêtres, les rois et quelques privilégiés peuvent

LE TEMPLE DE LOUQSOR.
Les ruines du Temple : au centre la salle hypostyle.

contempler le dieu quand les prêtres l'apportent du sanctuaire dans sa barque sacrée.

Enfin le temple se termine par une salle obscure, dite *chambre du mystère*, où repose la statue du dieu.

Les salles s'étagent en plan incliné et l'obscurité est graduellement ménagée. Les toitures forment des terrasses plates. Les murs et les colonnes sont couverts d'inscriptions, de bas-reliefs peints qui représentent, à l'intérieur, le dieu, les cérémonies et les offrandes; à l'extérieur, le roi et les batailles.

Les dimensions sont grandioses, surtout celles du temple d'Ammon, à Karnak. Le pylône a 44 mètres de haut sur 115 de large. La salle hypostyle a 50 mètres de long sur 100 de large et pourrait contenir Notre-Dame de Paris. Les colonnes de l'allée

FAÇADE RESTAURÉE DU TEMPLE DE LOUQSOR.

On accédait au temple par une avenue dallée bordée de sphynx. Deux obélisques, *aiguilles de pierre d'un seul bloc, précédaient la porte. Le plus grand, haut de 23 mètres, est aujourd'hui à Paris, place de la Concorde. La porte elle-même était gardée par deux statues colossales. A droite et à gauche, s'élevaient les* pylônes, *hautes murailles couvertes de bas-reliefs retraçant la vie et les exploits du Pharaon fondateur du temple; des colosses et des* mâts *ornés d'oriflammes complétaient la décoration des pylônes. Derrière la porte s'ouvrait une cour entourée de portiques, vestibule du temple lui-même.*

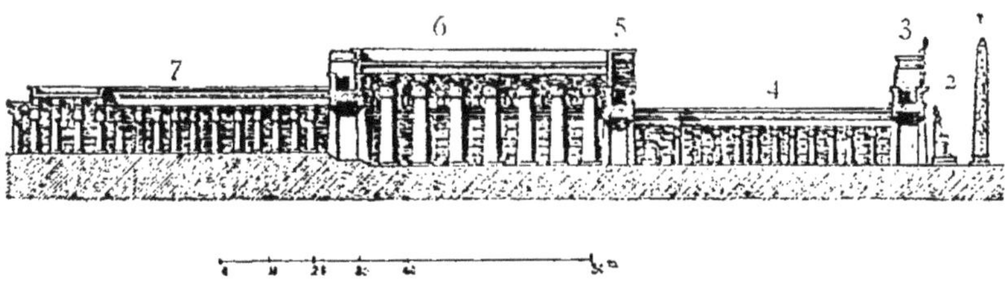

COUPE LONGITUDINALE DU TEMPLE DE LOUQSOR.

1, *Obélisques*; 2, *Colosses*; 3, *Porte et pylônes*; 4, *Cour intérieure et portiques*; 5, *Porte de la salle hypostyle*; 6, *Salle hypostyle*; 7, *Cour intérieure avec portique.*

centrale ont 23 mètres de hauteur, 10 mètres de tour, et la circonférence de leurs chapiteaux est de 23 mètres. La solidité en était merveilleuse et l'aspect des ruines provoque l'admiration universelle.

LES PYRAMIDES

Dans la période de Memphis les rois se faisaient construire, en guise de tombeaux, des *pyramides* de pierres à base carrée. Les quatre angles de la base représentaient les quatre points cardinaux et la pointe prétendait toucher le ciel. Trois de ces pyramides étonnent par leurs dimensions : elles sont l'œuvre des rois *Cheops*, *Kephren* et

LES GRANDES PYRAMIDES ET LE SPHYNX.

Les Pyramides s'élèvent près de l'emplacement de Memphis. Elles furent construites, la plus grande qui a 144 mètres de haut par le roi Khéops, les deux autres par les rois Khephren et Mycerinus. Elles abritaient leurs tombeaux. Le Sphynx est un rocher de 19 mètres, sculpté et taillé en forme de lion accroupi; il est en partie enseveli dans le sable. Entre ses pattes s'ouvrait la porte d'un temple.

Mycerinus, pharaons de la quatrième dynastie. La plus grande, celle de Cheops, avait 144 mètres de haut et est encore l'un des plus hauts monuments du monde (137 m.). La surface en était recouverte de pierres blanches polies et assemblées artistement sans ciment. Les blocs qui servirent à la construction furent amenés en barque des carrières de la chaîne Arabique. Pour les élever on édifia de grandes chaussées en pierre, en forme de tremplin, qu'on démolit ensuite. Dans l'intérieur de la pyramide se trouvait dissimulée la série de couloirs et de chambres qui constituent le tombeau égyptien. Elles furent construites au moyen de la corvée, c'est-à-dire par le travail

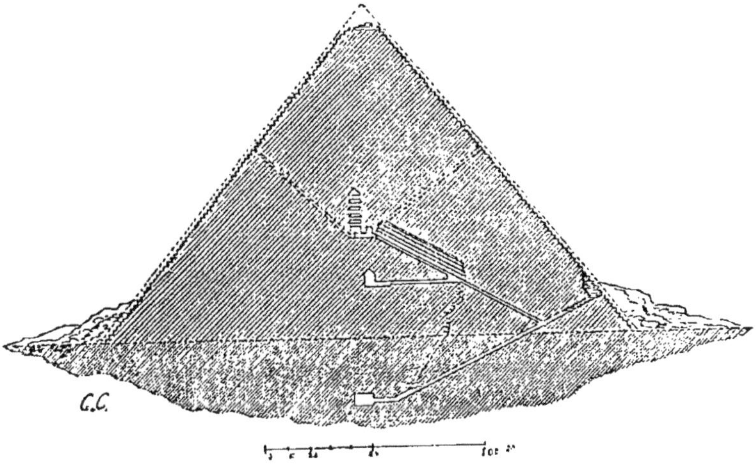

Coupe de la pyramide de Khéops.

Elle était revêtue de pierres plates et polies, aujourd'hui arrachées, et qui masquaient les entrées des longues galeries qui la traversent. Ces galeries étaient multipliées et les entrées en étaient masquées par des blocs de pierre, comme le montre la figure suivante, pour mettre la momie à l'abri des profanations.

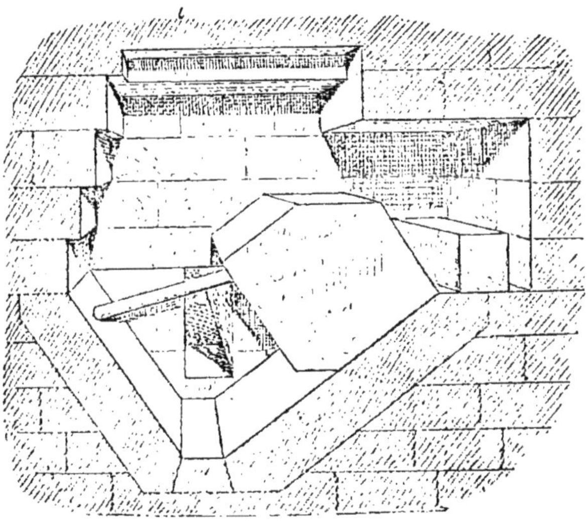

Fermeture d'une galerie intérieure de la grande Pyramide.

Le bloc de pierre était retenu au-dessus de l'entrée de la galerie par un étai; une fois la momie ensevelie, l'étai était retiré, et la pierre glissait et s'encastrait dans la maçonnerie.

imposé de force aux sujets du pharaon. Aussi les Égyptiens gardèrent-ils longtemps un souvenir odieux de cette époque. On peut se rendre compte de leurs souffrances en songeant à la masse énorme de pierres qu'ils durent remuer et qui est de 2 500 000 mètres cubes pour la grande pyramide.

LES BIJOUX

Le grand luxe des Égyptiens était les bijoux, remarquables par la finesse du travail. Il faut citer les *pectoraux* qui couvraient la poitrine, et les *colliers*, véritables collerettes de pierreries et de métaux précieux. L'usage des parfums très répandu nécessitait de nombreux accessoires, cuillers ou vases qui sont fréquemment de véritables œuvres d'art. Les ouvriers s'inspiraient des formes de la nature, des plantes, des animaux, du corps humain. Une foule de motifs décoratifs, le papyrus, le lotus, le scarabée, les figures ailées, les corps servant de manches de cuillers ou d'anses de vases, ont survécu à ces anciens âges. Les tentatives de nos joailliers modernes reproduisent souvent les inventions des ouvriers égyptiens. On peut juger par là du développement de l'art industriel en Égypte et du raffinement de la civilisation de ce peuple.

LES ÉTRANGERS EN ÉGYPTE

Par beaucoup de points, l'Égyptien ancien ressemble au Chinois de nos jours. Il a comme lui le respect et la terreur des ancêtres. Il dédaigne les vertus guerrières et honore particulièrement les lettrés. Il reste attaché avec obstination à ses mœurs traditionnelles. Il subit la force de l'étranger, mais le traite de barbare et le méprise. Aussi la condition des étrangers en Égypte ressemble-t-elle à celle des Européens en Chine. Les Phéniciens vinrent les premiers. Ils obtinrent la permission de commercer librement et transportèrent dans toute la Méditerranée les bibelots égyptiens. Les Grecs affluèrent ensuite, pirates d'abord, soldats ensuite. Les pharaons du Delta les employèrent pour fortifier leur armée, renouveler son armement et ses méthodes de combat, et, grâce à leur aide, ils relevèrent le prestige de leur autorité. A partir de ce moment ils accordèrent leur confiance à ces étrangers, que le peuple considérait comme impurs, mais ils ne les laissèrent pas habiter parmi leurs sujets. Dans les villes importantes, ils leur accordèrent des terrains pour leur résidence et leurs comptoirs; il y eut les quartiers grecs et

ARMES ET BIJOUX ÉGYPTIENS.

Haches et poignards, bague avec cachet et deux sphynx, bracelets, abeilles suspendues à une chaîne d'or.

phéniciens de Memphis, analogues aux concessions de Shanghaï. Les Grecs eurent même des ports à eux, comme Naucratis. Leur influence ne s'exerça que sur les hautes classes, et, même après la conquête d'Alexandre, le peuple, quoique soumis aux conquérants, continua de se montrer hostile à toutes les idées et les coutumes qui venaient du dehors.

LA MÉTHODE DE CHAMPOLLION

Pendant l'expédition de Bonaparte en Égypte un officier avait découvert sur une pierre près de Rosette un décret solennel en l'honneur de Ptolémée V et rédigé en trois écritures, hiéroglyphique, démotique et grecque. L'anglais Young reconnut dans les cartouches de l'inscription le nom de Ptolémée. Champollion fit plus. Il s'aperçut que ces sortes de rébus avaient une signification. Il décomposa le nom de Ptolémée

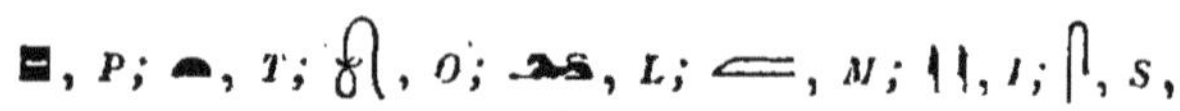

Il essaya alors de déchiffrer à l'aide de ces premiers signes de nouveaux cartouches et lut les noms de Bérénice, de Cléopâtre, d'Alexandre.

Bérénice.

Cléopâtre.

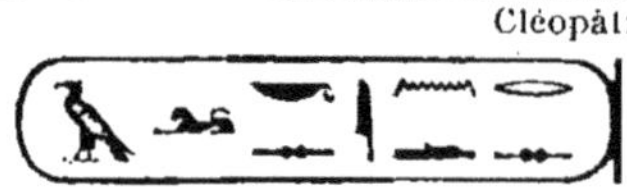
Alexandre.

Il obtint de la sorte un alphabet rudimentaire

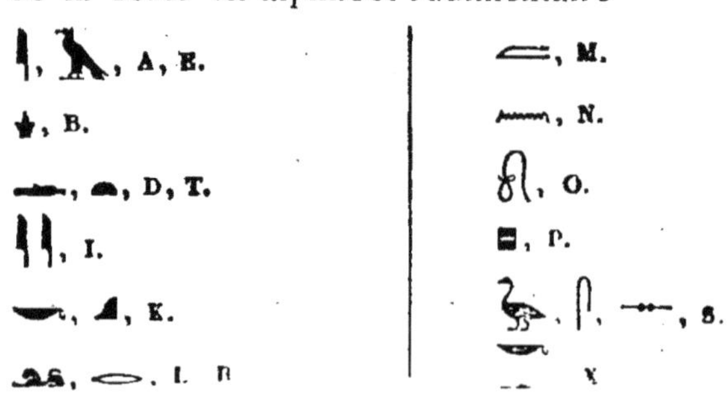

Il démontra ensuite qu'il y avait similitude entre les formes grammaticales de la langue des hiéroglyphes et celles du copte, c'est-à-dire de l'égyptien actuel. Dès lors il fut possible à l'aide de l'alphabet ainsi classé non seulement de *lire* les textes, mais encore de les *traduire*.

Tableau résumé de l'Histoire d'Égypte

Principales périodes.	*Principaux rois.*		*Principaux faits.*
Rois de Memphis (Suprématie de la Basse-Égypte)	Ire dynastie (vers 5000)	MÉNÈS	Fondation du royaume d'Égypte.
	IVe dynast. (vers 3500)	CHÉOPS . . . . KEPHREN . . . MYCERINUS . .	Construction des grandes pyramides.
	VIe dynast.	PÉPI Ier	Premières conquêtes en Nubie et dans la presqu'île du Sinaï.
Rois de Thèbes (Suprématie de la Haute-Égypte)	XIIe dyn. (vers 2000)	AMENEMHAT Ier etc.	Extension des conquêtes. Construction de forteresses à l'isthme de Suez et sur le Nil.
		AMENEMHAT III	Grands travaux: Le lac *Mœris*. Le *Labyrinthe*. Les colosses de *Memnon*.
	XIVe-XVIIe dynast. (v. 1800).		Invasion et domination des *Hycsos*. Les Israélites en Égypte.
	XVIIIe dyn. (1600-1500) . . .		Expulsion des Hycsos.
	—	THOUTMÈS III.	Conquête de la Syrie. Victoire de *Mageddo*. Conquête de l'Euphrate.
	XIXe dyn. (1500-1300)	SÉTI Ier	Expédition en Syrie et en Éthiopie.
		RAMSÈS II . .	Défaite des *Kitis* en Palestine. Éclat de la royauté de Thèbes.
		RAMSÈS III . .	Repousse l'invasion des *peuples de la mer*.
	XXe dyn. (vers 1200)	LES DERNIERS RAMSÈS. . .	Décadence de la royauté de Thèbes.
Rois-Prêtres (Suprématie de l'Éthiopie)	XXe-XXIVe dynastie (1100-800)	L'ANARCHIE en Egypte . . .	Rois indépendants dans la Basse-Égypte. Rois-prêtres à Napata, en Éthiopie.
	XXVe dynastie. 775.	PIANCHI. . . .	Suprématie de Napata sur toute l'Égypte.
	722.	SABACON . . .	Soutient le roi d'Israël contre les Assyriens. Est battu à *Raphia*, par *Sargon*, roi d'Assyrie.
	704.	TAHARQUA. . .	Reprend la lutte contre l'Assyrie.
	671.	. . . .	L'Égypte est conquise par *Assar-Haddon*.
Rois de Saïs (Suprématie du Delta)	XXVIe dynastie. 655.	PSAMMÉTIK Ier.	Reconstitue l'empire égyptien à l'aide de mercenaires grecs.
	609.	NECHAO. . . .	Grands travaux. Canal de la mer Rouge. Grandes explorations. Le tour de l'Afrique par les Phéniciens.
	569.	AMASIS	Les Grecs en Egypte. Fondation de *Naucratis*.
	525.	PSAMMÉTIK III	Conquête de l'Égypte par *Cambyse*, roi de Perse.

CHAPITRE III

CHALDÉENS — ASSYRIENS — BABYLONE

LE TIGRE ET L'EUPHRATE

Pendant que les Égyptiens inventaient sur les bords du Nil l'architecture, l'administration et la morale, un autre peuple, sur les bords du *Tigre* et de l'*Euphrate* créait la grande guerre et découvrait les sciences du calcul. Ce furent les Chaldæo-Assyriens. L'Euphrate, long de 2800 kilomètres

L'EUPHRATE. — Photographie prise à Billah.

L'Euphrate est surtout un fleuve de plaine; une fois sorti du plateau d'Arménie, il coule constamment entre des rives plates. Dans la région qui s'appelle la Chaldée, il s'étale, crée des faux bras et des marais.

près de 3 fois la Loire), et le Tigre, long de 2000 kilomètres, descendent tous deux par des gorges étroites et profondes du plateau d'Arménie, et, après s'être inclinés l'un vers la Méditerranée et la Syrie, l'autre vers la Perse, ils se rapprochent et forment une plaine grande comme la moitié de la France (270000 kilomètres carrés) appelée *Mésopotamie* c'est-à-dire l'Entre deux fleuves, ils confondent ensuite leurs eaux et se jettent dans le golfe Persique, sous le nom de Chatt-el-Arab. Au temps des Chaldéens les embouchures étaient séparées par une région marécageuse, mais les alluvions ont comblé le golfe sur une longueur de 40 lieues. L'ensemble de ce territoire est plus grand que la France (600000 kilomètres carrés). La Mésopotamie, presque déserte aujourd'hui, nourrit autrefois des millions d'hommes. C'est une terre très fertile où le blé pousse naturellement et où l'on faisait trois récoltes par an, dans les endroits arrosés. Il y a peu d'arbres, mais le palmier y est abondant et sert à tous les usages. Le climat, très chaud l'été, y est rude l'hiver à cause des vents du Nord qui descendent glacés par la traversée du plateau

LES MARAIS DE L'EUPHRATE.

Les marais de l'Euphrate sont encombrés de roseaux, souvent gigantesques, formant de vrais taillis aquatiques où se cachèrent à maintes reprises les populations poursuivies par les Chaldéens et les Assyriens.

d'Arménie. La nature du sol rendit les habitants ingénieux; le climat les empêcha de s'amollir.

LES CHALDÉENS LES ASSYRIENS

Les premiers habitants du pays furent les *Chaldéens*. Ils s'établirent dans la région des embouchures, et semblent avoir mené une vie paisible, creusant des canaux d'irrigation, bâtissant des villes, où s'organisèrent des gouvernements, des religions et des sciences. Devenus trop nombreux, ils remontèrent vers le Nord, le long du Tigre, et colonisèrent la région montagneuse qui domine sa rive gauche. Ce fut l'Assyrie, aujourd'hui le Kurdistan. Les *Assyriens*, habitant un pays plus rude et moins fertile, cherchèrent à vivre aux dépens de leurs voisins et devinrent un peuple de conquérants dont la guerre fut la

ENTRÉE D'UNE GORGE DU KURDISTAN ACTUEL (ANCIENNE ASSYRIE).
Tandis que la Chaldée était le pays plat entre l'Euphrate et le Tigre, l'Assyrie était le pays des montagnes et des gorges profondes qui porte aujourd'hui le nom de Kurdistan et d'où descendent le Tigre et ses affluents.

principale industrie. Ainsi, dans la civilisation des Chaldæo-Assyriens, les arts de la guerre furent l'œuvre des Assyriens, les arts de la paix, celle des Chaldéens.

HISTOIRE DE LA CHALDÉE ET DE L'ASSYRIE

L'histoire de la Chaldée et de l'Assyrie peut se diviser en 5 périodes : 1° de la basse Chaldée; 2° de la 1re Babylone; 3° d'Assar; 4° de Ninive; 5° de la grande Babylone.

Dans la 1re période la basse Chaldée est peuplée d'une série de villes, dont la plus connue de nous est *Sirtella*, où l'on a retrouvé le palais et la statue de son roi *Gudéa*. Il n'y a point d'État important, mais la civilisation chaldéenne prend une grande extension et se répand jusqu'aux bords de la Méditerranée, comme le prouve la ressemblance entre le récit du déluge dans les légendes chaldéennes et celui de la Bible.

Pendant la 2e période les villes et les états établis sur le cours de l'Euphrate se groupent autour de *Babylone*, qui devient la capitale des Chaldéens. Ses rois entreprennent alors la construction des canaux qui font de la plaine comprise entre les deux fleuves un véritable grenier d'abondance.

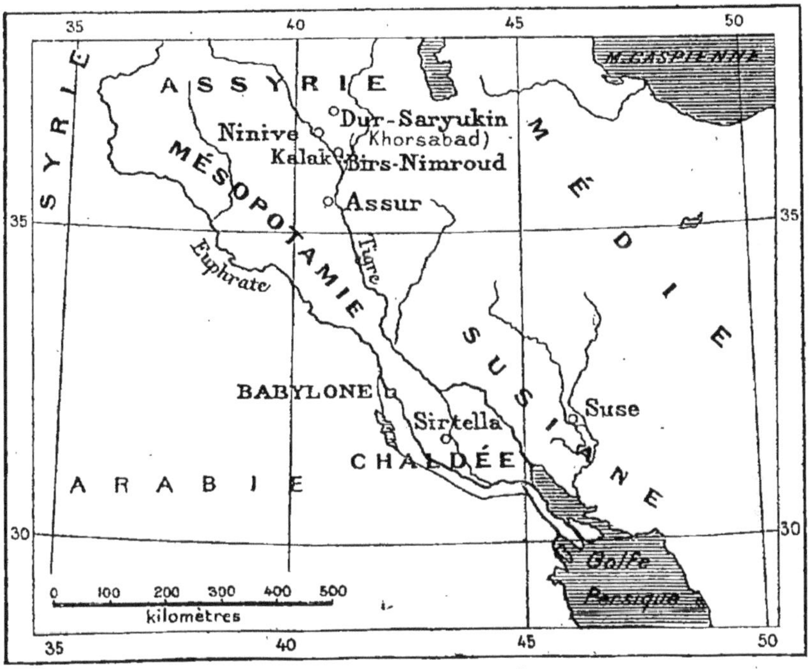

Carte de la Chaldée et de l'Assyrie.

Puis pendant la 3e période l'Assyrie, colonisée par les Chaldéens prend à son tour la suprématie sur toute la vallée du Tigre et de l'Euphrate. Les rois qui règnent à Assur et à Kalak commencent à devenir redoutables à leurs voisins, en faisant de la guerre une entreprise méthodique de pillage et de domination.

L'Assyrie atteignit son apogée pendant la 4e période sous les rois de Ninive dont les principaux furent *Sargon*, *Sennachérib* et *Assourbanipal*. Ils soumirent toute la région du golfe Persique et de la Caspienne, l'Arménie, la Syrie, la Palestine et l'Égypte. Mais Ninive avait soulevé contre elle trop de haines. Une coalition des Babyloniens et des Mèdes ruina l'empire assyrien, sa capitale fut prise et rasée (626).

Les rois de Babylone pendant la 5e période héritèrent de la puissance assyrienne, mais leur domination dura peu. Babylone, agrandie et embellie par son roi *Nabuchodonosor*, devint une sorte de ville fabuleuse et garda ce caractère, même après que les Perses s'en furent emparés (538).

LA VIE ASSYRIENNE

Les récits des Grecs, la Bible, les inscriptions et les bas-reliefs nous représentent les Assyriens comme un peuple farouche et cruel, dont la principale occupation fut la guerre. L'Assyrien a un corps vigoureux, les muscles saillants, le nez busqué, de gros yeux, les lèvres épaisses.

TYPES DE KURDES.

Les coiffures, les sandales et surtout l'expression de la physionomie montrent la parenté des Kurdes de cette gravure avec les Assyriens du panneau ancien qui est représenté à la page suivante.

Il porte de longs cheveux et une barbe frisée. L'expression de sa physionomie est énergique mais bestiale. Pour lui, son dieu est le maître du monde et les étrangers sont des révoltés. Il les massacre sans pitié. Ce caractère féroce survit encore chez les *Kurdes* qui habitent le sol de l'antique Assyrie, et les massacres d'Arménie ont renouvelé de nos jours les atrocités commises jadis par les peuples de Ninive et de Babylone.

Le costume se compose tantôt de grandes tuniques à manches courtes, tantôt de longues robes. Ces vêtements sont le plus souvent brodés et frangés. En outre l'Assyrien se drape dans un grand manteau de laine également garni de franges. Il porte des sandales à la

GROUPE D'ASSYRIENS (Panneau de briques émaillées et colorées).

Le premier personnage est un roi, le second est un serviteur du roi, le dernier est un soldat. Le roi et le soldat portent des coiffures pareilles à celles des Arméniens et des Kurdes. Le roi est vêtu d'une longue robe de couleur jaune, ornée de rosaces et de franges. Il s'appuie sur un arc haut d'un mètre et porte à sa ceinture une épée longue de 80 centimètres. Il est chaussé de sandales dont le cuir enveloppe la cheville et remonte derrière la jambe. Le soldat, qui s'appuie sur une lance et porte l'épée suspendue à un baudrier, a les jambes nues.

ville et des bottines lacées à la guerre. La coiffure ordinaire est un bonnet pointu de feutre. L'usage des bijoux, des parfums et des fards est très répandu.

Les habitations étaient des édifices en brique crue de forme carrée. Elles étaient surmontées de terrasses qui supportaient de petites tours carrées ou des coupoles. Les fenêtres étaient rares et le plus souvent ces maisons prenaient jour sur le dehors par leurs portes.

L'ARMÉE ASSYRIENNE Au printemps de chaque année, le roi d'Assyrie part en guerre pour exiger le tribut des sujets révoltés ou faire de nouvelles conquêtes. Les soldats sont nombreux, car tous les Assyriens doivent le service militaire. L'armée est organisée et équipée non seulement pour combattre en ligne, mais pour surprendre l'ennemi à l'improviste, et forcer les

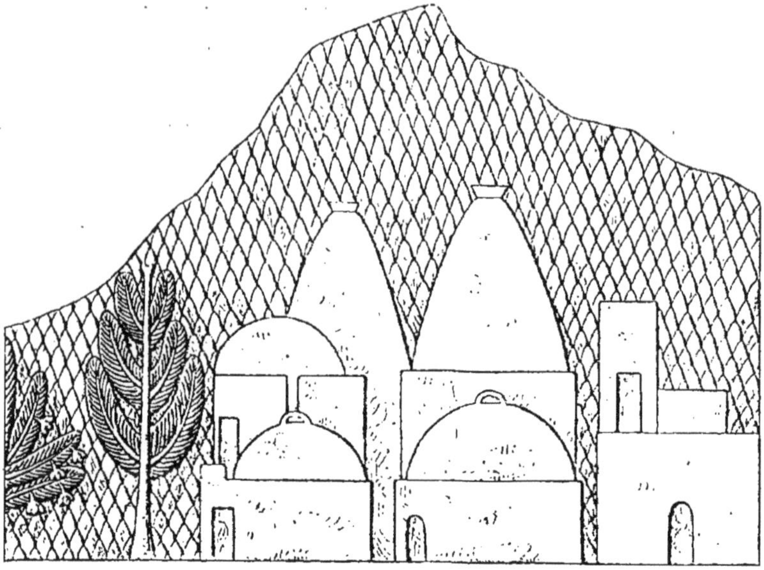

MAISONS ASSYRIENNES. — D'après un bas-relief.

Les ouvertures étaient rares sur le dehors. Les habitations étaient terminées sur leurs terrasses par des coupoles arrondies ou en pain de sucre. Ces formes se sont conservées dans des monuments assez récents, comme le montre la vue ci-jointe.

GROUPE DE CONSTRUCTIONS MODERNES.

Dans cette gravure, représentant d'une construction moderne, on peut retrouver le rez-de-chaussée du bas-relief ancien; il est de forme cubique et percé de hautes portes. L'étage supérieur est un deuxième rez-de-chaussée construit sur la terrase tel qu'on le voit à droite du bas-relief. Enfin les coupoles s'élèvent en retrait sur les terrasses.

villes où il pourrait se réfugier. Les Assyriens les premiers employèrent la cavalerie et connurent l'art des sièges.

L'infanterie se composait de piquiers et d'archers, tous armés du sabre. Les soldats portaient une longue tunique de peau, des jambières, un casque pointu et de grands boucliers. En outre chaque homme avait une outre de cuir qu'il gonflait d'air à l'occasion et

ARCHERS ASSYRIENS. — (D'après un bas-relief).

Les archers paraissent agenouillés; en réalité ils courent au bord de l'eau l'arc tendu, ayant dans la main droite une flèche pour remplacer celle qui va partir; au dos ils portent le carquois, au côté gauche l'épée. Ils sont coiffés d'un casque pointu en métal. On remarquera l'exagération du dessin des muscles aux jambes et au bras gauche. L'infanterie assyrienne comprenait aussi des piquiers qui se couvraient d'un grand bouclier.

utilisait comme flotteur pour le passage des cours d'eau. Ils avaient ainsi une supériorité marquée sur les autres peuples, pour l'armement des troupes et leur mobilité.

Les cavaliers, montés sur de petits chevaux agiles et robustes, étaient armés à la fois de l'arc et de la lance. Non seulement ils prenaient part aux combats, mais ils faisaient le service d'exploration et ils entreprenaient des chevauchées lointaines, coupant les communications de l'ennemi, détruisant ses récoltes et semant la terreur avant l'arrivée du gros de l'armée Pour cela on leur adjoignait des fantassins armés à la légère, qu'ils prenaient en croupe avec eux.

CAVALIER ASSYRIEN : LE ROI ASSOURBANIPAL EN CHASSE.

C'était leur cavalerie qui rendait les Assyriens particulièrement redoutables. Le cavalier montait sans selle et sans étrier sur une simple housse. Il était armé de l'épée et de l'arc ou d'une lance. Il semble qu'il portait une cuirasse et une cotte de mailles ou vêtement fait de mailles de métal. La queue du cheval était en partie tressée et nouée par un ruban.

SOLDATS PASSANT UNE RIVIÈRE. — D'après un bas-relief.

Les Assyriens avaient trouvé un procédé ingénieux pour le passage des rivières. Chaque soldat était muni d'une outre en peau, qu'il gonflait au bord de l'eau. Il se mettait à cheval sur l'outre et nageait du bras droit tandis que la main gauche tenait la courroie par laquelle bouclier, lances et pièces d'armement étaient fixés au dos du nageur.

Ils inventèrent ainsi les opérations de cavalerie à longue distance, autrement dit le *raid* de nos armées modernes.

Ils avaient aussi un corps de chars montés chacun par trois hommes et destinés à la charge en ligne. Pour prendre les villes, ils surent creuser des tranchées et des *mines*; faire des *brèches* à l'aide du bélier, élever des *tours* d'attaque, cribler le rempart de projectiles, et donner l'*assaut* au moyen d'échelles. Seule la ville de Tyr, construite sur un îlot, put résister à leur science des sièges.

INDUSTRIE ET COMMERCE

Les villes assyriennes, regorgeant des richesses des vaincus, furent des villes de luxe et de plaisirs. De bonne heure l'industrie et le commerce s'y développèrent. Leurs procédés de travail se retrouvent encore aujourd'hui dans les faïences persanes, les armes de Damas, les broderies et les tapis d'Orient. L'habitude de construire en briques en fit d'excellents céramistes qui trouvèrent tous les secrets du décor et de l'émaillage de la terre cuite. Leurs étoffes brodées, que les Grecs appelaient des peintures à l'aiguille, furent recherchées de tout le monde ancien. Ils se montrèrent habiles ciseleurs dans l'exécution des panneaux décoratifs en métal, dans les armes et les bijoux, dans l'orfèvrerie.

Les marchands assyriens allaient chercher au loin ce qui leur manquait : les bois précieux et le fer d'Arménie, la pourpre de Phénicie, les tissus et les pierres précieuses des Indes, les verreries et les objets d'art de l'Egypte. Ils avaient, sur l'Euphrate et sur le Tigre, de véritables flottes qui s'aventuraient fort loin dans le golfe Persique. Tout un réseau de caravanes les mettaient en rapports avec l'Asie centrale et la Méditerranée.

Il ne faut pas s'étonner si la richesse de ces villes devint proverbiale. Les guerriers de Ninive et de Babylone se reposaient de leurs victoires dans les fêtes et les jouissances de toute sorte. La renommée de leur mollesse atteignit celle de leur cruauté.

RÔLE ET IMPORTANCE DE BABYLONE

De toutes les villes chaldæo-assyriennes, *Babylone* fut la plus importante et la plus durable. Fondée aux premiers temps de la Chaldée, elle survécut à tous les sièges et à tous les pillages des rois de Ninive. Nabuchodonosor fit d'elle la plus grande ville d'Asie. Les Perses et plus tard les Grecs la respectèrent. Elle jeta longtemps sur le monde l'éclat d'une civilisation raffinée jusqu'à la corruption.

Le grand rôle et la durée de Babylone sont dus à l'excellence de sa situation. Elle était bâtie sur le cours inférieur de l'Euphrate au cœur du pays le plus fertile de ce temps. Elle était le centre du monde chaldéen et la capitale de sa science. L'Euphrate la faisait communiquer avec le golfe Persique et la Syrie. Elle commandait ainsi la grande route commerciale qui va de l'Europe orientale et de l'Asie Mineure aux Indes. Elle était située au croisement des routes d'Egypte, d'Arménie et de Perse. Tout le commerce international du monde ancien passait par ses murs. Quant elle eut conquis la suprématie sur tout l'empire assyrien, sa puissance politique vint accroître sa grandeur naturelle, et sa richesse, œuvre de la guerre et de la science, ne connut plus de bornes.

LE ROI ASSYRIEN

Avant les découvertes des archéologues qui nous ont donné d'une façon précise les noms et les actes des rois d'Assyrie, nous ne connaissions guère cette histoire que par les récits de la Bible et des Grecs. Ces récits ont rendu célèbres des héros légendaires qui représentent fort bien les caractères principaux des monarques assyriens. Ce sont : *Nemrod*, le grand chasseur; *Ninus*, le conquérant; *Semiramis*, la reine aux grands travaux; *Sardanapale*, le voluptueux, qui s'ensevelit dans l'orgie.

SENNACHÉRIB.

Le roi assyrien porte une robe garnie de franges, des pendants d'oreilles et d'autres bijoux. Sa barbe et ses cheveux sont longs et frisés, souvent postiches. Il est coiffé de la mitre *ou* tiare, *sorte de bonnet conique terminé par une pointe, autour duquel s'enroule un ruban à bouts flottants appelé* diadème.

Le roi est serviteur de son dieu Assur, Istar ou Marduk. A ce titre, il est maître absolu de ses sujets et les autres rois doivent rendre hommage à sa personne et au dieu son maître. Ceux qui refusent cet hommage sont des révoltés dignes de tous les supplices. Il part en guerre contre eux et commande lui-même l'expédition. Vainqueur, il rend grâces à son dieu et lui consacre des monuments sur lesquels il inscrit en style pompeux la liste de ses victoires.

L'orgueil de tout roi assyrien est de se bâtir une ville et un palais, comme celui du Pharaon était d'édifier un tombeau. Souvent il se contente de transformer la ville qu'il habite. Ainsi Ninive est l'œuvre de Sennachérib, et Babylone celle de Nabuchodonosor. Parmi ces villes il faut citer Dur-Saryukin (Khorsabab), la ville palais de Sargon, d'où nous avons retiré presque toute la collection assyrienne du Louvre. Le roi veillait aussi à la construction et à l'entretien des canaux, et il employait à ces travaux les captifs ramenés de la guerre.

Le roi retrouvait l'image de la guerre dans les grandes chasses. Sur le sol d'Assyrie vivaient le taureau sauvage ou auroch, le lion et l'onagre ou âne sauvage. C'est le gibier du roi, qui le poursuit avec sa meute de molosses et le perce de ses flèches du haut de son char. L'expédition est célébrée comme une victoire. « Moi, Assurbanipal, roi des armées, roi du pays

CHASSE A L'ONAGRE OU ANE SAUVAGE.

Les sculpteurs assyriens sculptaient leurs bas-reliefs sur de grandes plaques d'albâtre ou de calcaire tendre. On a retrouvé plus de deux kilomètres de ces bas-reliefs sur les murs du palais de Sargon. Les animaux étaient représentés avec un rare talent; les chiens molosses qui poursuivent les onagres pourraient difficilement être rendus avec plus de vérité.

d'Assur, j'ai tué deux lions; j'ai tendu contre eux l'arc puissant d'Istar, la déesse des batailles; j'ai fait sur eux une offrande et une libation de vin. »

Quand le roi n'est ni en guerre, ni en chasse, il passe sa vie dans les fêtes et les festins de son palais. C'est la débauche après le combat. Les bas-reliefs nous le montrent vêtu d'une robe brodée, coiffé de la tiare, couvert de bijoux. Autour de lui, les courtisans, ses esclaves, ses femmes sont attentifs à ses moindres caprices. Nous reconnaissons à peine le rude batailleur dans cette idole que l'on abrite sous un parasol. Il arriva souvent que les princes s'endormirent dans ces délices, et leur mollesse causa la perte de leur empire.

LES CONQUÊTES ASSYRIENNES

L'histoire d'Assyrie n'est qu'une longue série de guerres, de pillages et de massacres, les inscriptions nous les racontent avec des détails horribles. Ces guerres recommencent tous les ans, et le roi Assur-Nazir-Bal se vante d'avoir fait 31 campagnes.

Les Assyriens, remontant le Tigre, attaquaient les tribus d'Arménie et de Médie; descendant l'Euphrate, ils soumettaient

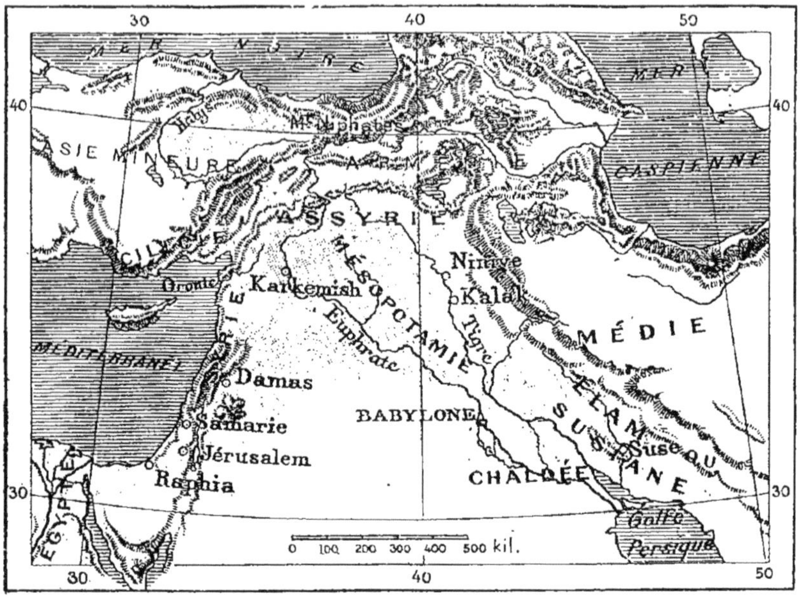

CARTE DE L'EMPIRE ASSYRIEN.

les Chaldéens et les rois d'Elam et de Susiane. Puis, passant de la vallée de l'Euphrate à celle de l'Oronte, ils entraient en Syrie et gagnaient le Nil. Ils osaient même se lancer dans les déserts de l'Arabie. Les peuples faibles se soumettaient sans combat. Les autres formaient des coalitions et il fallait les réduire par des batailles ou des sièges. Tous tremblaient devant les terribles guerriers assyriens.

Une chose étonne cependant à lire ces récits de guerre. C'est que les rois qui se succèdent recommencent toujours les mêmes expéditions. Les bulletins de victoire de Téglath-Phalasar, roi d'Assur, ou ceux de Nabuchodonosor, roi de Babylone, mentionnent les mêmes noms. La raison en est que la plupart de ces guerres sont faites contre des révoltés. Les Assyriens, après la victoire, n'organisaient pas le pays vaincu. Ils laissaient aux peuples leurs mœurs et leurs rois ; ils exigeaient simplement un tribut régulier. Quand ces peuples avaient oublié les duretés de la conquête, ou quand le roi d'Assyrie manquait d'autorité, ils tentaient de s'affranchir en refusant le tribut. Il fallait alors les soumettre à nouveau. Une autre espèce de révoltés étaient les princes royaux, nommés gouverneurs des grandes villes. Ils prenaient les armes contre le roi pour être couronnés à leur tour, tel le frère d'Assurbanipal à Babylone. Enfin les révolutions de palais, les assassinats de rois, étaient fréquents, et étaient toujours une occasion de révoltés.

ROI CREVANT LES YEUX A DES PRISONNIERS.

Le roi est vêtu d'une robe et d'un grand manteau ornés de dessins et de franges. Pour indiquer sa puissance, on l'a représenté beaucoup plus grand que ses prisonniers. Ceux-ci ont des fers aux pieds et aux mains. Des anneaux leur traversent les lèvres : une corde passée dans ces anneaux est tenue par le roi, qui plonge la pointe de sa lance dans les yeux de l'un d'entre eux.

L'empire assyrien était donc vraiment un colosse aux pieds d'argile. Il s'écroule, change de maîtres et se reconstitue avec une facilité surprenante. La main du conquérant en faisait seule l'unité.

SOLDATS ASSYRIENS REVENANT D'EXPÉDITION.

Ce bas-relief permet de saisir sur le vif la sauvagerie des Assyriens. En haut, des soldats présentent des têtes coupées à des scribes chargés de les compter et probablement de les payer. En bas, d'autres soldats jouent avec des têtes qu'ils font sauter comme des ballons.

TRAITEMENTS INFLIGÉS AUX VAINCUS

On a peine à se figurer la barbarie de ces répressions et de ces conquêtes. Les Assyriens, persuadés qu'ils vengeaient leur dieu insulté, étaient impitoyables pour les vaincus. Ils les accablaient des plus affreux supplices ; ils leur crevaient les yeux, coupaient le nez, les oreilles et les lèvres, arrachaient la barbe et les ongles; ou bien, ils les empalaient et les écorchaient vifs. Ils élevaient des trophées avec les têtes coupées; ils jetaient les cadavres aux bêtes fauves. Les rois se vantaient de ces scènes de sauvagerie : « J'en tuai un sur deux, dit Assur-Nazir-Bal, et j'emmenai les survivants comme esclaves. Je bâtis une pyramide devant la porte de la ville, je fis écorcher vifs quelques-uns des chefs de la révolte et j'étendis leur peau sur cette pyramide. D'autres furent murés vifs dans la maçonnerie, d'autres furent empalés le long du rempart. J'en fis écorcher devant moi un grand nombre: je tapissai la muraille de leurs peaux; je fis des couronnes avec leurs têtes et des guirlandes avec leurs cadavres. Sur les ruines, ma figure s'épanouit: dans l'assouvissement de mon courroux je trouve ma satisfaction. »

Le pays était ravagé systématiquement. Les arbres étaient coupés, les moissons détruites, les villes rasées; les bestiaux emmenés par le vainqueur. L'or, l'argent et tous les objets précieux étaient enlevés et partagés entre le roi et ses guerriers. Les habitants qui n'avaient pas été massacrés étaient transportés en masse en Assyrie où ils travaillaient aux constructions du roi. La plus célèbre de ces transportations fut celle des Juifs, internés par Nabuchodonosor à Babylone où ils restèrent 70 ans jusqu'à la conquête de Cyrus.

DESCRIPTION DE BABYLONE

La main-d'œuvre des captifs servit à faire de Babylone « la reine de l'Asie ». Les Grecs ne parlaient de cette ville qu'avec admiration. Elle était entourée d'une muraille carrée de 45 kilomètres de tour embrassant un espace grand comme 7 fois Paris. Le mur avait environ 95 mètres de haut, 25 de large: était flanqué de 150 tours carrées et percé de 100 portes à battants de bronze. Ce mur était en briques cuites cimentées de bitume. L'Euphrate traversait la ville entre deux quais de briques et ses deux rives étaient reliées par un pont de pierre. Cette immense enceinte n'était pas habitée tout entière, elle contenait des jardins et des champs et formait une sorte de camp retranché où l'on pouvait même vivre en cas de siège. Les rues de la ville se coupaient à angle droit et aboutissaient à la ville royale ou palais du roi dont les ruines couvrent 14 hectares. Auprès du palais s'élevaient les *jardins suspendus* qui furent comptés parmi les sept merveilles du monde. C'étaient de hautes terrasses

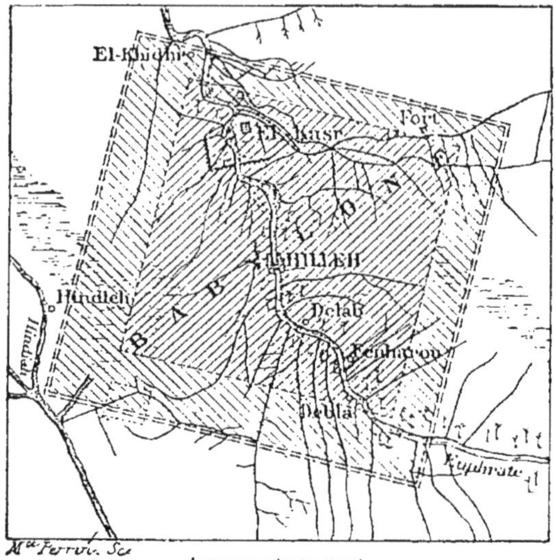

EMPLACEMENT DE BABYLONE.

Le carré ci-dessus indique l'immense espace qu'occupait Babylone sur le cours de l'Euphrate. On peut reconnaître la double enceinte et la place du palais royal.

RUINES DE BABYLONE.

A gauche l'Euphrate. Les constructions de Babylone étaient faites en briques, le plus souvent simplement séchées au soleil. Sous l'action des pluies, ces briques se sont détrempées. A la place de ruines il n'y a aujourd'hui dans la plaine que des collines d'argile, seuls restes de palais grandioses.

élevées sur des piles de maçonnerie où l'on entretenait à grands frais des arbres rares d'une dimension extraordinaire. La ville était ornée de huit grands temples reconstruits par Nabuchodonosor. Les richesses accumulées dans cette capitale furent si grandes que pour la protéger des invasions médiques, le roi fit barrer par une grande muraille la plaine de l'Euphrate. Une foule bigarrée de soldats, de captifs, de pèlerins et de marchands, venus de tous les coins du monde asiatique, encombraient les rues que dominait le sanctuaire du dieu *Marduk*, maître et protecteur de Nabuchodonosor et de sa ville.

LES ASSYRIENS ET LES ÉGYPTIENS

Chez les anciens, le commerce, réduit aux marchandises de luxe à cause des transports difficiles, ne rapprochait pas les peuples comme de nos jours. La guerre fut en somme la principale forme de relations entre eux. C'est donc par une longue suite de guerres que se pénétrèrent les deux civilisations du Nil et de l'Euphrate. On peut y reconnaître trois périodes distinctes.

La première est celle où les petites royautés de l'Euphrate subirent la suzeraineté des pharaons conquérants de la XVIIIe dynastie. Il semble que ce soit l'invasion égyptienne qui ait développé l'instinct guerrier des Chaldéens.

Quand plus tard les rois de Ninive furent devenus puissants, les Égyptiens, pris de crainte, excitèrent contre eux leurs alliés de Syrie et d'Israël. La chute de Damas et de Samarie décida même Sabacon, pharaon de Napata, à intervenir en personne; mais son armée fut écrasée à *Raphia* par Sargon. Les successeurs de Sargon pénétrèrent en Égypte, prirent Thèbes et refoulèrent les Éthiopiens.

Après la destruction de Ninive, les pharaons du Delta reprirent les projets des Éthiopiens. Néchao envahit la Palestine et la Syrie. Mais Nabuchodonosor le battit à *Karkémish* (604 av. J.-C.) et l'Égypte perdit toute influence en Asie. La conquête Perse réunit bientôt les deux Etats rivaux sous la domination de Cambyse.

CHAPITRE IV

RELIGION — ARTS ET SCIENCES DES CHALDÉENS ET DES ASSYRIENS

La Chaldée était une vaste plaine d'où la vue embrassait une immense étendue de ciel. La contemplation de ce ciel inspira aux Chaldéens leur religion et leur science. Ils divinisèrent l'éclat des astres : mais au lieu d'en exprimer les mouvements en légendes poétiques comme les Egyptiens, ils les exprimèrent en formules mathématiques. Ce fut l'origine de l'astronomie et du calcul. L'esprit positif et méthodique des Chaldéens se manifeste ici comme dans l'art de la guerre. Nous retrouvronse du reste les mêmes caractères dans leur art.

RELIGION DES CHALDÉENS

Le fonds de la religion chaldæo-assyrienne est la terreur. Cruels et dominateurs, les Chaldéens éprouvent pour leur compte la terreur qu'ils inspirent aux autres peuples. Ils craignent les grandes puissances du ciel, l'influence des astres et les maléfices des démons. De là, chez eux, trois formes religieuses principales : la religion des grands dieux, l'astrologie, la sorcellerie.

LES GRANDS DIEUX

A l'origine chaque ville chaldéenne a son seigneur-dieu. Quand les grands Etats se forment, les dieux deviennent communs à toute la Chaldée-Assyrie, mais le dieu de la ville capitale reste le souverain des autres. Il y a une hiérarchie religieuse analogue à la hiérarchie politique. Les dieux ont pour résidence au ciel le soleil, la lune ou une des cinq grandes planètes. Ce sont :

Sin, le dieu lune, le premier des dieux.

Shamas, le dieu soleil, dieu de la lumière.

Nergal, dieu de la planète Mars, le dieu lion.

Nebo, dieu de la planète Mercure, le dieu des sciences.

Marduk, dieu de la planète Jupiter, dieu de Babylone.

Ninip, dieu de la planète Saturne, le dieu de la force, qui étouffe les lions dans ses bras.

Istar, déesse de la planète Vénus, déesse de Ninive, dieu de la guerre et de l'amour.

Il faut ajouter le dieu *Eá*, le dieu poisson, créateur de la vieille Chaldée ; *Assur*, le dieu d'Assyrie ; *Raman*, le dieu du ciel et des orages.

Ces dieux sont assistés par des divinités secondaires et par des *génies*. Ces génies étaient les protecteurs des hommes et les portes des palais étaient garnies de leurs images. C'étaient de grandes statues d'hommes avec quatre grandes ailes, ou de *taureaux ailés* à tête d'homme.

L'ASTROLOGIE

Les Chaldéens adorent dans les astres des puissances mystérieuses. Ils les appelaient des *interprètes des dieux*. Chaque astre représentait un dieu, participait à un culte, et une couleur spéciale lui était consacrée. En observant des astres on pouvait, croyaient-ils, saisir la volonté des dieux et leurs mouvements permettaient de deviner ce qui devait se passer sur la terre. Les prêtres étaient donc en même temps des *devins*. Ils excellaient surtout à prédire l'avenir des hommes. Selon eux, la vie de chaque homme dépendait de la position des astres à sa naissance, et l'on naissait sous une bonne ou une mauvaise étoile. Les Grecs nommèrent leurs prédictions des *horoscopes*, et leur science, l'*astrologie*.

LA SORCELLERIE

Les Chaldéens croyaient aux mauvais esprits qui persécutent les hommes. Les revenants, les malheurs, les maladies étaient pour eux des démons malfaisants qu'il fallait écarter. Ils figuraient ces démons par des êtres hideux à corps d'homme avec des têtes et des pieds d'animaux. Ils redoutaient les *sorciers*, ou hommes qui avaient le pouvoir de déchaîner les démons. Pour se défendre contre eux, ils avaient recours aux *magiciens*. Ceux-ci chassaient le démon par des prières, des philtres ou des cérémonies spéciales. Aux Chaldéens remonte donc l'usage des talismans, des amulettes, des exorcismes, des images protectrices qui s'est maintenu jusqu'à nos jours et témoigne de superstitions non encore disparues.

L'ART CHALDÉEN

L'art chaldéen procède tout entier d'idées très simples. Il consista à bâtir des murailles pour les villes, des châteaux forts pour les rois, des demeures surélevées pour les dieux. Son originalité fut dans le décor.

Une chose frappe dans les ruines de la Chaldée et de l'Assyrie, c'est qu'elles se présentent à nos yeux sous la forme de monticules de sable qu'il faut fouiller; rien n'émerge du sol. Cela tient à ce que tous ces monuments furent construits en briques. Les Chaldéens, n'ayant point de pierre dans leur pays, construisirent en terre; les Assyriens continuèrent la tradition. Pour la même raison leur architecture est massive, sans colonnes et toujours de formes géométriques. Le style est le même pour les *remparts*, les *palais* et les *temples*.

Les remparts sont de grands murs en briques cuites assemblées avec du bitume. Leur épaisseur qui atteint parfois 25 mètres en fait la solidité. Ils sont protégés par un fossé dont la terre servait à façonner les briques. Ils étaient garnis de créneaux à angles droits et de tours carrées. Du reste la ligne droite est la caractéristique du style assyrien. L'enceinte a la forme d'un rectangle, et les rues de la ville sont toutes parallèles ou perpendiculaires les unes aux autres.

LES PALAIS

Le roi habite un palais qui est une forteresse à l'intérieur de la ville. C'est une petite ville dans la grande. Il est élevé sur une haute terrasse en briques, à laquelle on accède par des rampes. Le palais lui-même est une grande construction rectangulaire formée de hauts murs garnis de tours et percés de portes monumentales. Ce palais n'a point d'étages. Il ressemble à une masse de briques où l'on aurait taillé des cours à l'emporte-pièce. Ces cours sont entourées de chambres ou de salles qui n'ont pas de fenêtres, mais seulement de hautes portes. Une partie du palais est affectée au roi, l'autre aux seigneurs et aux gardes, l'autre aux femmes. Une tour à étages, tantôt temple, tantôt observatoire, est réservée aux mages.

Le décor du palais est très riche : des dallages de marbres précieux couvrent le sol. Les murs sont revêtus de faïences décorées ou de bas-reliefs. Les salles sont supportées par de hautes colonnes de cèdre enrichies d'or, d'argent ou d'ivoire. Les portes, ornées de briques émaillées, possédaient à leurs ouvertures une double rangée de génies et de taureaux ailés. Les étoffes rares et les plantes complétaient l'ornementation.

LES TEMPLES

Le temple Chaldéen est une tour carrée en briques à sept étages, élevée sur une terrasse. Chaque étage est formé d'une terrasse plus petite que l'étage inférieur et relié à lui par des rampes. Sur la dernière se dresse la chapelle du dieu couverte d'une coupole dorée. Chaque étage est consacré à l'un des sept grands astres et peint à sa couleur dans l'ordre suivant : blanc, noir, pourpre, bleu, vermillon, argent et or. La construction est massive et ne renferme que quelques chambres ou chapelles creusées dans l'épaisseur du mur. La hauteur des grands temples de Babylone dépassait 100 mètres et la ruine appelée le Birs-Nimroud a encore 71 mètres de haut.

LES ARTS DÉCORATIFS

Le bois et la brique étaient une matière ingrate pour les architectes. On chercha la couleur et la variété dans l'emploi des arts décoratifs. Ainsi se développèrent la ciselure des métaux, la céramique et la sculpture des bas-reliefs. Ces bas-reliefs étaient de deux sortes : les *colosses* et les *plaques décoratives*. Ils furent surtout l'œuvre des Assyriens qui avaient pris l'habitude de tailler le calcaire tendre de leurs montagnes.

Les colosses ornent les portes et les couloirs. Ils représentent des taureaux ailés, des génies et des rois. Les génies et les rois sont appliqués aux murailles, les taureaux garnissent les encoignures et

PORTE PRINCIPALE DU PALAIS DE SARGON.

En avant, le double escalier et le perron, avec une rampe faite de créneaux. La porte est ornée de taureaux ailés à face d'homme, hauts de quatre à cinq mètres.

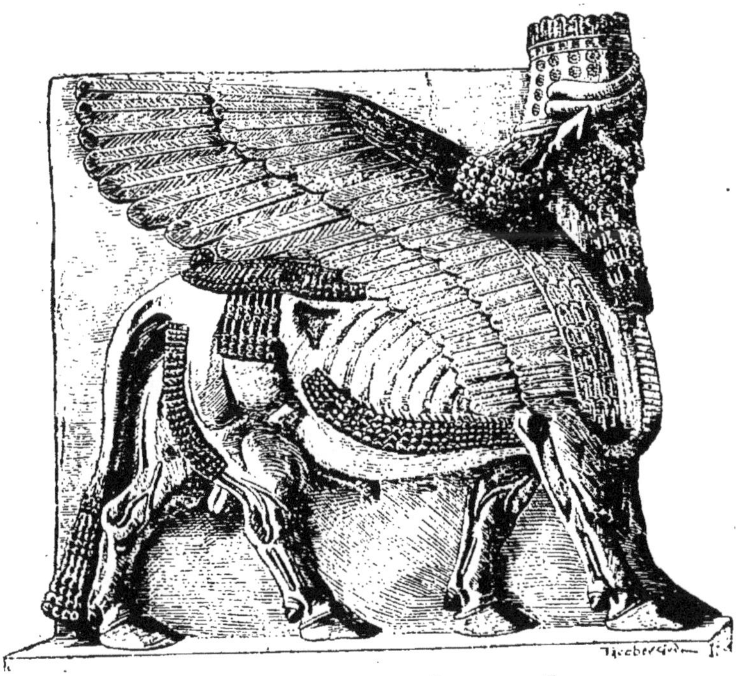

TAUREAU AILÉ PROVENANT DU PALAIS DE SARGON.

Ce taureau, actuellement au musée du Louvre, forme un détail de la porte ci dessus. Il a les cinq pattes qui permettent de le considérer de face comme de rofil. La tiare est ornée d'une double paire de cornes, symbole de puissance.

UN TEMPLE A ÉTAGES.

Restauration d'une tour analogue à celle du palais de Sargon : elle a 43 mètres de côté : chaque étage a 6 mètres de haut. Sur la plate-forme supérieure, où l'on parvenait par une rampe continue, se dressaient les statues des dieux. Chaque étage était consacré à l'une des planètes et peint d'une couleur spéciale. La tour servait en même temps d'observatoire.

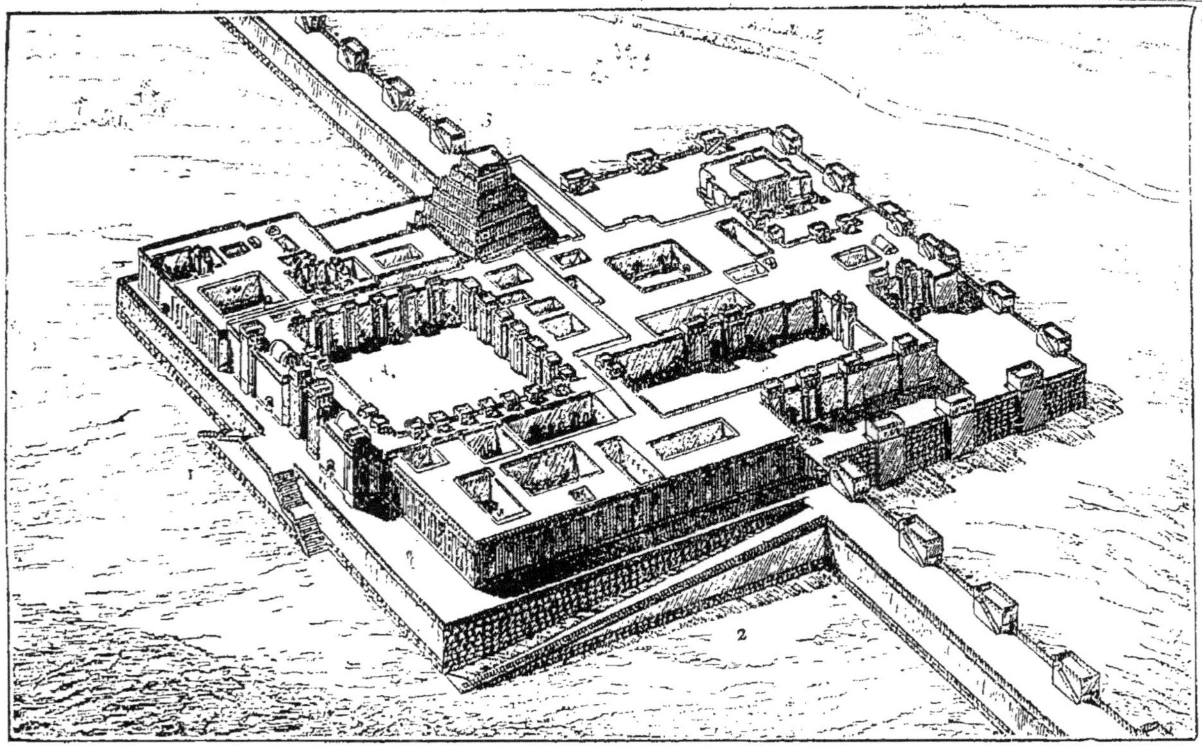

UN PALAIS ASSYRIEN. RESTAURATION DU PALAIS DE SARGON, A KORSABAD, PRÈS DE NINIVE.

Le palais est à moitié engagé dans une enceinte fortifiée, crénelée et garnie de tours carrées où l'on accédait par des escaliers extérieurs. Il s'élève sur une haute terrasse carrée de 300 mètres de côté, accessible par un double escalier (1) *et pour les voitures par une rampe* (2). *A la partie supérieure une tour à gradins* (3) *était un temple. Les toitures sont plates, en terrasses, comme dans tous les pays très chauds. Il n'y avait pas de fenêtres : le jour était donné dans les 208 salles du palais par les portes qui ouvraient sur les cours intérieures.*

ont cinq pattes de façon à en montrer deux de face et quatre de profil. Ils se détachent presque entièrement du bloc où ils sont taillés, tandis que les génies n'ont qu'un léger relief. Nous pouvons en admirer au Louvre, où ils ont été transportés, l'incontestable majesté.

Les bas-reliefs décoratifs sont des plaques de calcaire sculptées avec lesquelles on tapissait les murs des chambres. Ils représentent

TRANSPORT D'UN TAUREAU.

L'énorme bloc de pierre, dont la hauteur était de 4 à 5 mètres, était placé sur un chariot de bois et maintenu par un échafaudage, que des hommes soutenaient de chaque côté avec de longues perches. On faisait glisser le chariot, comme font aujourd'hui encore les maçons, sur des rouleaux de bois; on le soulevait, pour placer les rouleaux, à l'aide de leviers que l'on voit ici à l'arrière; sur le devant du chariot un ingénieur dirige la manœuvre, d'autres ouvriers portent des matériaux. Remarquez en bas des contremaîtres qui frappent les ouvriers pour les faire avancer.

des cérémonies, des scènes de guerre et des chasses. Ils célèbrent les actions du roi et sont d'une grande exactitude de détails, malgré la gaucherie du dessin. Il faut mentionner à part les scènes de chasse où les animaux sont traités avec un art très scrupuleux. L'art des Chaldæo-Assyriens, comme leur science, est fait d'observation.

LA SCIENCE DES CHALDÉENS

En observant les astres pour y chercher les mystères de l'avenir, les Chaldéens trouvèrent la science de l'astronomie et du calcul.

Astronomes, ils distinguèrent les planètes des étoiles, déterminèrent la longueur de l'année, fixèrent les douze signes du zodiaque, calculèrent les éclipses de lune et inventèrent le cadran solaire.

Mathématiciens, ils inventèrent les mesures de temps, de longueur et de poids qui devinrent celles de tout le monde ancien. Ces mesures sont :

1° L'année, divisée en mois, jours, heures, minutes, secondes;
2° La semaine, divisée en sept jours en l'honneur des sept planètes;
3° Le cercle, divisé en degrés, minutes, secondes;
4° La longueur, divisée en empans, coudées, perches, plèthres, stades;
5° Le poids, divisé en mines, talents, drachmes.

Les principes de ces sciences étaient consignés dans des livres qui formaient des bibliothèques. On a retrouvé la bibliothèque d'*Assurbanipal*. Elle se compose de briques plates couvertes de caractères cunéiformes. On les gravait au poinçon avant la cuisson. Ces livres ne contiennent guère d'œuvres d'imagination; ce sont des livres d'histoire, de science, de religion ou de grammaire.

L'ÉCRITURE CUNÉIFORME

L'écriture assyrienne est appelée *cunéiforme* parce que ses caractères sont des combinaisons de signes en forme de *coins* 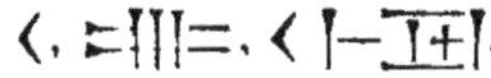. Ils sont très difficiles à déchiffrer parce qu'ils représentent indifféremment des syllabes ou des mots. Ils offraient des difficultés même aux Assyriens qui avaient et nous ont laissé de véritables dictionnaires. Les savants les ont déchiffrés en comparant les noms propres de certaines inscriptions rédigées en langues perse et assyrienne. Ils ont pu ainsi constituer un alphabet et lire des mots assyriens où aidés par la signification des mots persans ils ont reconnu une langue parente de l'hébreu. On appelle *assyriologie* la science qui consiste à déchiffrer et traduire les textes assyriens et où s'illustrèrent l'anglais Rawlinson et le français Oppert.

LES CHALDÉENS

Les Chaldéens, peuples de la plaine, n'ont point l'imagination aussi vive que les Grecs ou les Égyptiens, peuples de la mer et des vallées. Ils ont plus de souci des réalités de la vie; ils sont en quelque sorte plus terre à terre. Ils songent avant tout à leur bien-être; ils adorent un dieu pour qu'il les protège; ils cherchent à connaître l'avenir pour se préserver du mal; ils inventent des arts utiles à la vie. Le culte, les travaux publics, l'art, tout chez eux affiche ce caractère d'utilité. A défaut d'idéal ils eurent le sens pratique et leurs inventions furent adoptées de tous les peuples anciens.

LES DIEUX CHALDÉENS ET ASSYRIENS

Le dieu Chaldéen ou assyrien n'est point un dieu providence comme l'adorent nos religions d'Europe; c'est un maître, qui exige une obéissance absolue. Istar à Ninive ou Marduk à Babylone sont seulement, comme le Jehovah des Juifs, les dieux de leur peuple et les

LE VENT DU SUD-EST.

Cette statuette de bronze, qui est au musée du Louvre, montre comment les Assyriens figuraient les démons et comment leurs ouvriers savaient travailler le bronze.

étrangers sont pour eux des ennemis. Ils tolèrent auprès d'eux les divinités des vassaux, mais à un rang secondaire. Ils récompensent par la victoire et le butin leurs fidèles serviteurs; ils les châtient par la défaite. Quand le roi part en guerre, c'est au nom de son dieu qu'il prend les armes. C'est pour le venger qu'il incendie et massacre. Une inscription d'Assourbanipal, roi de Ninive, porte ces mots : « Les hommes, dont la bouche avait tramé des complots contre Assur et contre moi, ont eu la langue arrachée.... Je les ai jetés dans le fossé, j'ai coupé leurs membres, je les ai fait manger par les chiens.... En accomplissant ces choses j'ai réjoui le cœur des grands dieux, mes seigneurs. » Au retour de l'expédition le roi offre en sacrifice au dieu les dépouilles des vaincus.

Il s'agit donc de mériter la satisfaction du dieu. Le culte de ces dieux est fort rigoureux. Les cérémonies sont nombreuses et les dévots y affluent. Elles consistent en sacrifices et aussi en processions dans lesquelles on porte à dos d'homme les statues des dieux. Ces statues sont très riches. Le dieu est généralement figuré comme un guerrier puissant, coiffé d'une *tiare* ornée de cornes de taureau, symbole de la force. Chaque dieu tient à la main les attributs de sa puissance; Ninip, la massue; Raman, la foudre; Istar, la colombe; Shamas, le disque. Cette religion est tout extérieure et les fidèles témoignent leur zèle à leur dieu par toutes sortes de pratiques et de superstitions barbares.

LES PRÊTRES

Les prêtres des temples ou mages étaient en même temps astrologues et magiciens. Sur les hautes plates-formes de leurs tours à étages, ils observaient les astres, consignaient par écrit leurs observations et dans chaque sanctuaire il s'était formé ainsi une école de sciences occultes. C'est de là que sortaient les fameux Chaldéens qui venaient exercer dans l'empire romain l'art de la divination. Le moyen âge eut aussi ses astrologues, et leur costume, composé d'une longue robe et d'un bonnet pointu, rappelait l'origine de leur prétendue science.

Voici en quoi elle consistait d'après le grec Diodore de Sicile : « Les observateurs habiles savent tirer des présages du lever, du coucher, de la couleur des astres. Ils annoncent aussi les orages, les pluies et les chaleurs excessives. L'apparition des comètes, les éclipses de soleil et de lune, les changements qui surviennent dans l'atmosphère, sont autant de signes de bonheur ou de malheur pour les pays et les nations aussi bien que pour les rois et les particuliers. Les Chaldéens ont ainsi fait des prédictions à un grand nombre de rois, prédictions qui paraissent toutes s'être accomplies. Ils prédisent aussi aux particuliers tout ce qui doit leur arriver et cela avec une précision telle que ceux qui en ont fait l'essai ont été frappés d'admiration et regardent la science de ces astrologues comme un privilège divin. »

On consultait ces mages dans toutes les circonstances importantes de la vie. On leur attribuait aussi le pouvoir d'écarter les mauvais esprits et les démons. Pour cela ils avaient recours à des prières terminées par des formules d'imprécation telles que : « Va-t'en, va t'en, mauvais, mauvais ». Ils soignaient les malades en leur donnant des infusions d'herbes magiques, ou bien ils employaient les nœuds magiques, les aspersions d'eau consacrée, les bandes d'étoffe brodée de formules pieuses. Le culte chrétien, né en Orient, a conservé, mais à titre de symboles et en transformant leur signification, quelques-unes de ces pratiques.

LA CÉRAMIQUE

Il n'y avait en Chaldée ni pierres ni métaux. La terre cuite les remplaça dans une foule d'usages. On l'employa d'abord sous forme de briques à bâtir. Il y avait trois sortes de briques : la *brique crue*, séchée au soleil, la *brique cuite*, et la *brique émaillée*. La brique crue servait pour remplir l'intérieur des murailles ; la brique cuite et la brique émaillée étaient employées pour le revêtement. Toutes les briques des constructions royales portaient le sceau du roi constructeur. On employait pour les fabriquer les captifs étrangers transportés en Assyrie après la destruction de leurs villes.

Les briques émaillées sont tantôt revêtues d'une couleur unie, tantôt ornées de dessins. Souvent une grande scène est composée d'une série de briques dont chacune porte un fragment du dessin d'ensemble. Les couleurs en sont très vives. Avec les briques unies on garnit les portes monumentales ou les parois des étages des temples. Les briques émaillées servent surtout à l'ornementation. Les Assyriens excellèrent dans cet art dont l'effet était fort beau. Du reste l'emploi de la céramique auquel on revient dans la construction moderne, peut nous renseigner sur ce procédé de décor.

Un autre usage de la brique était ce qu'on pourrait appeler la librairie. Les feuillets des livres assyriens étaient des sortes de tuiles plates gravées au poinçon. La cuisson les rendait inaltérables. De même les contrats de vente et d'achat, les actes de l'état civil, les traités étaient conservés sur des briques. Le maniement en était assurément lourd et difficile, mais nous y avons gagné de retrouver ces documents intacts dans les ruines.

Enfin on fabriquait en terre cuite les cachets dont on se servait pour signer. Ces cachets ont généralement la forme de rouleaux. On y entaillait des inscriptions, des images de dieux ou de démons. Le signataire s'en servait comme nos brodeuses de leurs rouleaux à broderie.

CARACTÈRE DE L'ART ASSYRIEN

L'art assyrien est réaliste, c'est-à-dire que l'artiste reproduit ce qu'il voit et n'invente pas. Les figures de génies et de démons que l'on place aux frises des édifices, pour appeler leur protection, sont les seuls motifs de décoration imaginés. Encore sont-ils un assemblage de parties séparées de différents êtres, animaux ou hommes. En général la décoration par la céramique ou les bas-reliefs reproduit des objets et des faits de la vie commune. Dans les palais on rappelle au roi la série de ses exploits ou de ses chasses. Les personnages sont représentés avec une grande exactitude de costume, mais leurs visages n'expriment aucun sentiment. Le tableau est commémoratif d'un fait et n'est pas autre chose.

Ce manque d'inspiration s'allie à un extrême souci du détail. L'artiste s'applique à reproduire ce qu'il voit. Comme il ne voit pas le corps humain à cause des lourds vêtements frangés qui le recouvrent, il rend mal les attitudes. En revanche il copie avec fidélité le visage, les bras et les jambes de l'homme; les corps des animaux. Certains bas-reliefs où sont représentés des lions blessés, des chiens de chasse, des chevaux, des taureaux et des ânes sauvages étonnent par la vérité des mouvements, la justesse des proportions et la vie des muscles. Les mêmes qualités se retrouvent dans un certain nombre de statuettes de bronze destinées à l'ameublement. Comme sculpteurs animaliers, les Assyriens furent les maîtres des Grecs.

L'AGRICULTURE

La Chaldée, plaine d'alluvions comme le Delta du Nil, était une terre fertile mais exposée aux débordements des fleuves. D'autre part la Mésopotamie ne donnait ses riches récoltes que si elle était arrosée. Il fallut endiguer les cours d'eau qui débordaient et entraînaient la terre cultivable. Il fallut aussi faire des travaux d'irrigation.

Le Tigre fut relié à l'Euphrate par un canal sur lequel on brancha une foule de canaux plus petits se coupant à angle droit. La plaine sembla un immense damier dont les levées de terre sont encore reconnaissables. Comme en Égypte l'ingénieur dut aider le laboureur et l'agriculture fut affaire de science. Les rois tenaient à honneur d'entretenir ces canaux et d'en augmenter le nombre. L'un d'eux pouvait dire : « J'ai changé les plaines désertes en terres arrosées, je leur ai donné la fertilité et l'abondance; j'en ai fait un séjour de bonheur. »

Dans tous les genres d'activité, la civilisation des Assyriens témoigna d'une grande énergie et d'une grande application. Cependant, malgré son éclat, elle refléta toujours le caractère brutal et matériel de ce peuple.

CYLINDRES ASSYRIENS.

Ces cylindres étaient employés comme les cachets dont nous nous servons actuellement pour cacheter nos lettres à la cire. Les Assyriens s'en servaient pour signer leurs contrats, leurs actes d'achat ou de vente, etc.

Tableau résumé de l'Histoire des Chaldéens-Assyriens

Principales périodes.	*Principaux rois.*	*Principaux faits.*
Rois de la Basse-Chaldée	GUDEA (5000-3500). .	Fonde la ville de Sirtella.
	SARGON	Gouverne toute la Chaldée.
Rois de la 1re Babylone	HAMURABI (vers 1650)	Fait creuser les canaux de Mésopotamie.
Rois d'Assur	TEGLATH-PHALASAR (vers 1125)	Premières conquêtes assyriennes en Arménie, en Syrie et en Chaldée.
Rois de Ninive	ASSUR-NAZIR-BAL . . (vers 885)	Fonde Kalak. Envahit la Syrie, la Mésopotamie, la Judée.
	SARGON	Dompte la Syrie, l'Arménie et la Médie.
	— 722	Prend Samarie, capitale d'Israël.
	— 717	Bat les Egyptiens à Raphia.
	— 706	Fonde Khorsabad.
	SENNACHÉRIB . . 701	Ravage Juda et l'Egypte.
	— 692	Dompte la révolte de Chaldée. Détruit Babylone. Agrandit Ninive.
	ASSAR-HADDON . 672	Conquiert l'Egypte. Envahit l'Arabie.
	ASSURBANIPAL. . 662	Prend Thèbes.
	— 643	Dompte les révoltes de Suziane et de Chaldée. Embellit Ninive.
Rois de Babylone	NABOPOLASSAR. . 626	Se révolte contre les Ninivites.
	— 605	Prend Ninive avec l'appui des Mèdes.
	NABUCHODONOSOR. .	Reconstitue l'empire assyrien au profit de Babylone.
	— 604	Bat les Egyptiens révoltés à Karkemish.
	— 597	Prend Jérusalem. Assiège Tyr. Agrandit et embellit Babylone.
	NABONID 538	Destruction de l'empire de Babylone par Cyrus.

CHAPITRE V

LES HÉBREUX — PATRIARCHES — JUGES

L'histoire des *Hébreux* présente un double intérêt. Ce petit peuple semble avoir eu pour mission de créer la forme religieuse de la pensée moderne, c'est-à-dire la notion d'un dieu unique, universel, conçu par l'esprit sans être figuré par des images. En outre son histoire nous présente en raccourci toute l'histoire sociale de la première humanité : la tribu à l'état nomade, la migration en masse des tribus; l'établissement sédentaire des tribus, et l'organisation de la royauté.

UNE VUE DU JOURDAIN.

Le Jourdain coule dans une vallée profondément encaissée. Ses rives sont boisées et fertiles jusqu'au voisinage de la mer Morte.

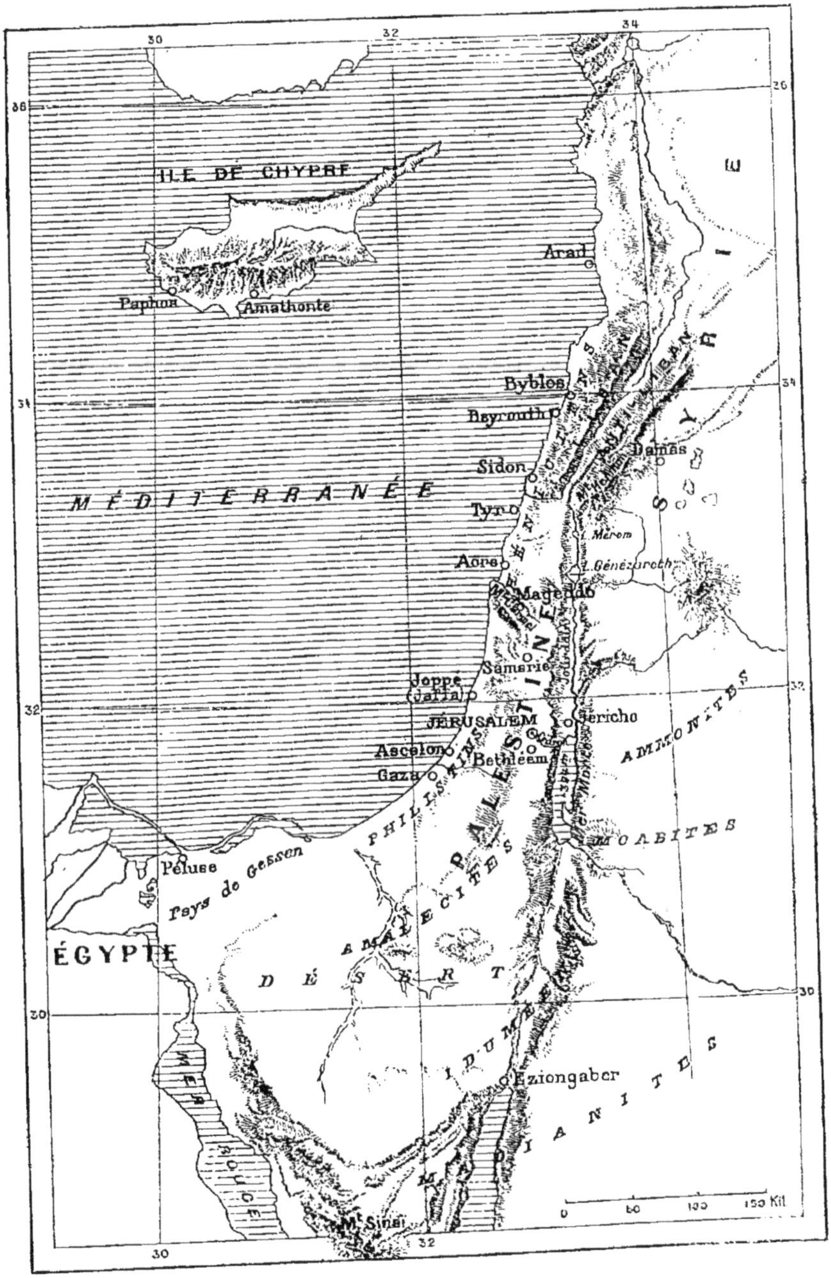

CARTE DE SYRIE, PALESTINE ET PHÉNICIE.

LA PALESTINE

Les Hébreux se fixèrent en *Palestine*. On donne ce nom à la région côtière d'Asie comprise entre la Syrie et l'Egypte. Cette région comprenant environ 25 000 kilomètres carrés, soit environ la superficie de 4 de nos départements, se divise en trois parties parallèles l'une à l'autre : 1° le littoral, 2° la

La mer Morte.

Absolument rien ne vit ni dans les eaux, ni sur les rives de la mer Morte, lac aux eaux empoisonnées, enfoncé à 400 mètres au-dessous du niveau de la Méditerranée, et encaissé entre des falaises abruptes.

zone montagneuse, 3° la vallée du Jourdain. Sur la côte, et séparés par l'éperon du mont Carmel, étaient établis les *Phéniciens*, au nord, dans les villes de Sidon et de Tyr; les *Philistins*, au sud, dans les villes d'Ascalon, de Joppé et de Gaza. Les montagnes étaient primitivement occupées par les *Chananéens* que les Hébreux chassèrent de leur pays. Les déserts de l'est étaient habités par les *Ammonites*, les vallées du sud par les *Amalécites* et les *Moabites*.

La vallée du *Jourdain* est curieuse. Ce fleuve, long de 215 kilomètres, soit le tiers de la Seine, descend du mont Hermon dans l'Anti-Liban et coule du nord au sud en arrière de la chaîne côtière en formant le lac Mérom, le lac de Gennesareth et la *mer Morte* où il se perd. Cette mer intérieure est à 400 mètres au-dessous du niveau de la mer; ses eaux sont chargées de sel et de bitume, ce qui rend ses rivages inhabitables et désolés. On reconnaît partout les traces d'un bouleversement volcanique auquel les traditions attribuent la disparition des villes de Sodome et de Gomorrhe.

Les Hébreux, venant du désert, durent se cantonner dans les montagnes ou pays de Chanaan qu'ils appelèrent la *terre promise* à cause de sa fertilité relative. Ce pays pluvieux l'hiver et sec l'été était couvert de forêts sur les hauteurs, de vignes et de figuiers dans les pentes; les nombreuses vallées des torrents produisaient au printemps des céréales en abondance. De pasteurs nomades les Hébreux se firent agriculteurs.

LES HÉBREUX

Les Hébreux étaient des tribus sémites originaires de la Chaldée. Ils vécurent longtemps sous la direction de chefs nommés *patriarches*, allant de Mésopotamie en Syrie et de là jusqu'en Egypte. Ils menaient la vie des nomades du Sahara, campant dans les vallées herbeuses et se déplaçant avec tous leurs troupeaux quand les pâturages étaient épuisés. Les pharaons, inquiets de ces rôdeurs, les internèrent de force dans des sortes de « camps de concentration » où on les soumit à de durs travaux. Ils s'échappèrent en masse et formèrent une grande caravane qui, après avoir erré longtemps dans les déserts du Sinaï, finit par pénétrer dans la terre de Chanaan et s'y établir à demeure.

Ce peuple eut donc très tard une véritable nationalité. Mais à défaut d'unité politique il eut une merveilleuse unité religieuse. Comme tous les peuples sémites, il se croyait le peuple élu d'un dieu particulier, *Jéhovah*, surnommé l'*Eternel*. Les Juifs honoraient Jéhovah par des sacrifices, croyaient à ses prophéties; mais comme, pendant longtemps, ils n'eurent ni villes ni temples, ils l'adoraient en pensée et ils fondèrent ainsi la première religion spirituelle de notre monde. L'idolâtrie devint un crime que la colère de Jéhovah châtiait durement. Aussi les revers, loin d'abattre la foi des Hébreux, ne firent que la surexciter et exalter leur fanatisme. Ce fanatisme était entretenu par les prédications des hommes inspirés de Dieu ou *prophètes* qui sans cesse rappelaient ce peuple, naturellement religieux, à l'observation du culte et à la haine des coutumes et des races étrangères.

LA BIBLE

L'histoire des Hébreux nous est racontée par la *Bible*. Sa première partie, dite l'Ancien Testament, renferme toute la littérature hébraïque. Ce n'est pas un récit continu mais un ensemble de morceaux séparés, d'une grande poésie. Elle se divise en trois parties : la *Loi*, les *Prophètes*, les *Hagiographes*. On y lit les récits de l'époque primitive, les prescriptions de la loi de

Dieu, l'histoire de la Palestine, des psaumes et des cantiques. Traduit en grec à Alexandrie au IIIe siècle avant Jésus-Christ, l'Ancien Testament fut traduit en latin au IVe siècle après Jésus-Christ par saint Jérôme. C'est un livre saint de la religion chrétienne, née de la religion juive. La Bible a donc une très grande importance littéraire, morale, historique et religieuse.

LES PATRIARCHES

Selon les traditions, le premier état des Hébreux fut l'état nomade. La tribu se déplaçait ayant à sa tête un *patriarche*, c'est-à-dire un chef de famille qui avait toute autorité sur les personnes et les biens de la tribu. C'est lui qui réglait les marches et les haltes, et son autorité venait de ce qu'il était en communication avec Dieu.

Le plus ancien des patriarches connus est *Abraham*. Il était de la ville d'Our en Chaldée. Dieu lui ordonna de se mettre en route en promettant à sa race une longue durée et une grande postérité. Il vint se fixer au delà du Jourdain, dans la terre des Chananéens qui appelèrent sa tribu les *Hébreux*, c'est-à-dire les *gens d'au delà*. Sur ses vieux jours il eut un fils, béni de Dieu, Isaac qui, après avoir épousé Rebecca dans son pays d'origine, commanda les Hébreux et les guida à travers les pâturages de l'Anti-Liban. Il eut deux fils : *Esaü* et *Jacob*. Ce dernier usurpa la bénédiction paternelle, malgré son rang de cadet. Puis il alla prendre femme en Chaldée et revint consacré de Dieu sous le nom d'*Israël*, c'est-à-dire fort comme Dieu. Depuis lors les Hébreux s'appelèrent *Enfants d'Israël* ou *Israélites*.

Il vécut surtout en Judée, eut douze fils et parmi eux *Joseph* qui, vendu par ses frères comme esclave en Egypte, devint favori du pharaon à cause de son habileté à expliquer les songes. A sa suite, la famille passa en Egypte et reçut des terres dans le pays de Gessen, près de l'isthme de Suez.

MOISE

Les Israélites pullulèrent bientôt au point que les Egyptiens, inquiets de leur nombre, les accablèrent de mauvais traitements et massacrèrent leurs premiers-nés. Dieu eut alors pitié de son peuple. Il fit échapper au massacre un enfant qui devait être son libérateur. Ce fut *Moïse*. A la voix de Dieu, Moïse, qui avait reçu le don de faire des miracles, alla trouver le pharaon et lui intima, de par Jéhovah, l'ordre de laisser partir les enfants d'Israël. Le pharaon ayant refusé, l'Egypte fut frappée de dix fléaux terribles tels que pluie de grenouilles et de sauterelles, peste, épidémie, grêle, ténèbres et mort de tous les premiers-nés.

Le pharaon terrorisé céda et les Israélites partirent en colonne vers le désert. Les Egyptiens, qui s'étaient ravisés, voulurent les poursuivre, mais ils furent engloutis par les eaux de la mer Rouge, qui, sur l'ordre de Moïse, s'étaient ouvertes pour laisser passer la caravane d'Israël. Pendant quarante ans Israël erra dans le désert du Sinaï sous la conduite de Moïse qui eut à dompter des révoltes, des actes d'impiété et à secourir son peuple par ses miracles. Mais le terme marqué par Dieu était échu : les Israélites allaient entrer en terre promise et Moïse mourut.

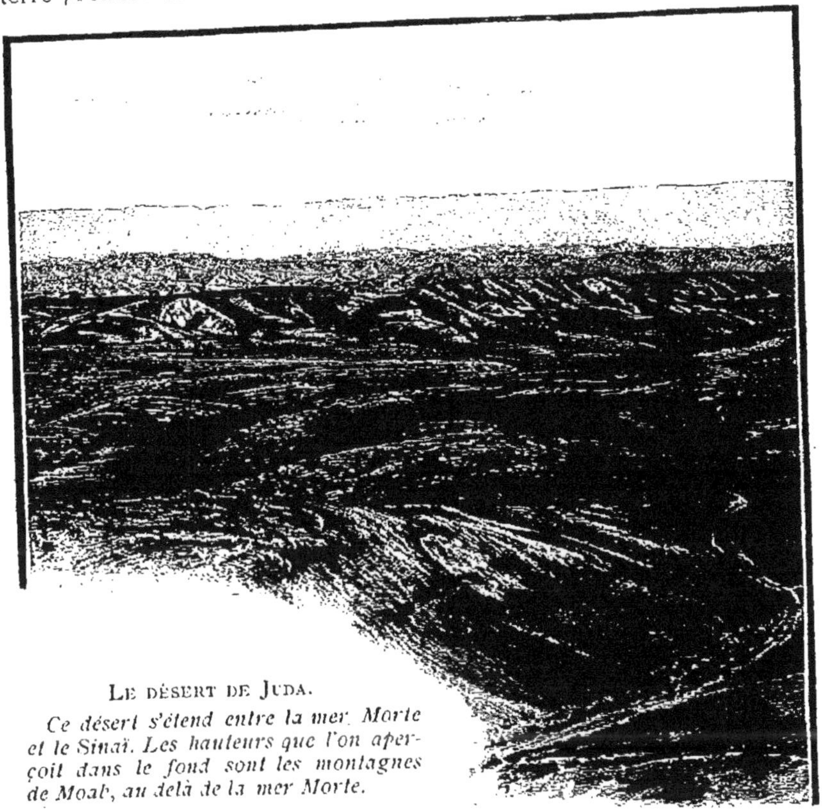

LE DÉSERT DE JUDA.
Ce désert s'étend entre la mer Morte et le Sinaï. Les hauteurs que l'on aperçoit dans le fond sont les montagnes de Moab, au delà de la mer Morte.

L'ŒUVRE DE MOISE

Cette période est appelée l'*Exode* ou *sortie d'Egypte*. De ce moment date la première organisation du peuple hébreu; ce fut l'œuvre de Moïse qui ne fut pas seulement un prophète, conducteur d'une grande migration, mais surtout le législateur civil, politique et religieux de ce troupeau d'hommes.

Israël, à sa sortie d'Egypte, n'était qu'une horde d'esclaves échappés, sans autre lien que la foi dans Jéhovah et dans son prophète. Sur ce sentiment religieux Moïse édifia une législation toute religieuse qui fit vraiment d'Israël le peuple de Dieu.

LOIS POLITIQUES

Dieu est le chef suprême d'Israël. Au-dessous de lui il peut y avoir un Juge élu, ou un Roi héréditaire. Le peuple est divisé en douze tribus qui portent le nom de dix fils de Jacob et de deux fils de Joseph. La tribu de *Lévi* est tout entière consacrée au culte. Les chefs de famille forment le conseil des Anciens et dans certains cas le peuple se réunit en assemblée générale.

LOIS CIVILES

La terre est propriété de Dieu, concédée aux hommes, et ne peut être vendue qu'avec possibilité de rachat. L'esclave est protégé comme créature de Dieu. Les infractions à la loi religieuse sont sévèrement punies. Les obligations d'hygiène sont nombreuses et la chair des animaux impurs est interdite. Tout crime est jugé et puni selon la loi du Talion qui exige une peine égale à la faute.

La loi religieuse tint tout entière dans les *dix commandements* que Dieu dicta à Moïse sur le Sinaï et qui furent gravés sur les *tables de la loi*. Le culte consista en sacrifices. Les grandes fêtes furent : le *Sabbat*, ou repos hebdomadaire; la *Pâque*, la *Pentecôte*, la fête des *Tabernacles*, anniversaires de la sortie d'Egypte, de la promulgation de la loi, de l'entrée au désert.

Un temple portatif, fait de bois précieux et de riches étoffes et appelé *le Tabernacle*, servait aux cérémonies. Il était, comme les temples égyptiens, divisé en trois parties : *le Parvis*, pour les sacrifices; *le Sanctuaire*, pour les offrandes des prêtres; le *Saint des saints*, où étaient déposées les Tables de la loi dans l'Arche d'alliance.

LES JUGES

A la mort de Moïse, le peuple élut *Josué* pour chef. Celui-ci les mena contre la ville de Jéricho qui fut prise. Une coalition des Chananéens fut vaincue et les douze tribus d'Israël s'établirent en Palestine. Il est à remarquer qu'elles se fixèrent dans la région montagneuse et qu'elles ne purent entamer les peuples de la côte. Les Israélites, sorte de Bédouins du désert, mal armés et mal outillés, ne pouvaient prendre les places fortes des Philistins et des Phéniciens. Ils se bornèrent à faire une guerre de surprises contre les montagnards moins bien défendus et s'établirent sur leurs terres.

Pendant la période de conquête, chaque tribu agit pour son compte; il n'y eut plus de grand chef. Dans la mêlée des Israélites et des peuples voisins, on voit apparaître des hommes auxquels Dieu ordonne de sauver son peuple et qu'on appelle les *Juges*. Le Juge ne commande pas tout Israël, mais seulement le groupe de tribus attaquées. Comme il n'y a pas d'armée organisée, il rassemble autour de lui les hommes de la tribu et les conduit à l'ennemi. Il tient son autorité de la consécration divine que lui octroie le prophète de la tribu; il est *l'oint du Seigneur*.

Ainsi s'illustrèrent *Gédéon* contre les Madianites; *Jéphté* contre les Ammonites; *Samson* contre les Philistins; *Samuel* contre ces mêmes Philistins dont il délivra Israël.

Dès lors les tribus isolées, sentant leur faiblesse, voulurent se grouper pour résister à l'ennemi et demandèrent au prophète Samuel de leur désigner un roi. Un nouvel ordre de choses commença pour Israël.

PAYSAGE DE GALILÉE.
La Galilée était la partie riante et fertile du pays occupé par les Hébreux. Elle était comprise entre la côte et le Jourdain.

LES RÉCITS BIBLIQUES

Les récits bibliques sont des anecdotes édifiantes qui témoignent de la sollicitude de Dieu pour son peuple. A ce titre, ils ont leur place dans l'enseignement religieux des Juifs et des Chrétiens. De plus, ils partagent avec les récits d'Homère la gloire d'avoir présenté des personnages devenus des types d'humanité. La poésie et les arts en ont tiré une foule de sujets qui rendent leur connaissance nécessaire. Voici quelques-uns des principaux :

NOÉ

Dieu, irrité contre les hommes, déchaina les orages du ciel, et les eaux du déluge couvrirent toute la terre pendant cent cinquante jours. Mais un homme juste avait échappé au désastre. Sur l'ordre de Dieu, il avait construit un grand vaisseau ou *arche* et s'y était enfermé avec toute sa famille et un couple de chaque espèce d'animaux.

Quand la colère de Dieu fut apaisée, le vent souffla sur la terre et les eaux commencèrent à baisser. L'arche était alors sur les montagnes d'Arménie. Noé, ouvrant la fenêtre, lâcha successivement un corbeau qui ne revint pas, puis une colombe qui rapporta un rameau d'olivier. Noé entendit alors la voix de Dieu qui lui ordonnait de sortir de l'arche. Il débarqua, dressa un autel et offrit un sacrifice au Seigneur, qui lui dit : « Je ne répandrai plus ma malédiction sur la terre à cause des hommes. Je fais alliance avec toi, Noé, et avec ta race après toi. Comme signe de cette alliance, je ferai paraître mon arc dans le ciel et il n'y aura plus, à l'avenir, de déluge. »

VOCATION D'ABRAHAM

Abraham était âgé déjà de soixante-quinze ans quand il entendit la voix de Dieu qui lui disait : « Va-t'en de ton pays et viens dans la terre que je te montrerai ; je ferai de tes enfants une grande nation et toutes les nations de la terre seront bénies en toi ». Abraham partit avec son neveu Loth, dont il dut se séparer, et s'établit en Chanaan. Cependant il n'avait pas d'enfants et s'en plaignit à Dieu, qui lui répondit : « Regarde le ciel et compte les étoiles, si tu peux les compter. Aussi nombreuse sera ta postérité. » A quelque temps de là, la femme d'Abraham, Sarah, eut un fils, Isaac, qui fut béni de Dieu et devint patriarche des Hébreux.

SACRIFICE D'ABRAHAM

Dieu, voulant éprouver la foi d'Abraham, lui dit : « Prends ton fils chéri et viens me l'immoler sur les montagnes ». Abraham, docile, chargea de bois son âne et partit avec son fils pour les hauts lieux. Une fois arrivé, il dressa un bûcher et, sans répondre aux questions d'Isaac, il attacha le jeune homme sur le bûcher. Déjà il levait le couteau, quand l'ange du Seigneur arrêta son bras en disant : « Abraham ! Abraham ! épargne cet enfant ». En se retournant, Abraham vit dans un buisson un bélier qu'il immola à la place d'Isaac. Alors la voix reprit : « Puisque, pour m'obéir, tu n'hésitais pas à sacrifier ton fils, je te bénirai et je multiplierai ta race comme les étoiles du ciel et les grains de sable de la mer ».

JACOB ET ESAU

Isaac avait deux fils : Ésaü et Jacob. Jacob, intrigant et préféré de sa mère Rébecca, avait, moyennant un plat de lentilles, obtenu de son vorace aîné la promesse de lui céder son droit d'aînesse. Il restait à obtenir la bénédiction paternelle. Rébecca s'y employa.

Elle prépara pour Isaac, vieux et presque aveugle, un plat de son goût qu'elle lui fit présenter par Jacob. Mais auparavant, elle avait habillé Jacob des vêtements d'Ésaü et lui avait couvert les mains d'une peau de chevreau pour qu'il ressemblât à son frère, qui était fort velu. Isaac, en recevant le plat, toucha les mains de son fils, crut que c'était Ésaü et lui donna sa bénédiction qui le faisait chef de la tribu. Ésaü, furieux, voulait le tuer, mais Jacob s'enfuit en Mésopotamie où Dieu le reconnut pour sien et le fit rentrer en amitié avec son frère.

Cette légende n'est point une glorification du mensonge. Comme dans les aventures d'Ulysse, le triomphe de la ruse n'est ici que la forme primitive du triomphe de l'intelligence sur la force brutale.

JOSEPH

Joseph était le fils préféré de Jacob. Ses frères, jaloux de lui, après avoir voulu le tuer, le vendirent à des marchands égyptiens. Joseph devint esclave de Putiphar, chef des gardes du pharaon. Son maître lui accorda sa confiance pour son talent à expliquer les songes et fit de lui son intendant. Une rancune de la femme de Putiphar, qu'il avait mécontentée, le fit jeter en prison. C'est alors que le pharaon vit en songe sept vaches grasses que sept vaches maigres se mirent bientôt à dévorer. Les devins restaient muets. Putiphar fit appeler Joseph, qui expliqua que sept années d'abondance seraient suivies de sept années de disette. Le pharaon, émerveillé, nomma Joseph premier ministre. La famine arriva en effet, et les peuples voisins vinrent acheter du blé au prévoyant Joseph, qui avait rempli les greniers du roi. Parmi eux se trouvaient les fils de Jacob. Joseph s'amusa à les remplir de frayeur; puis il se fit reconnaître, leur pardonna et installa sa famille dans la terre de Gessen.

MOISE

Le pharaon avait ordonné la mort de tous les garçons qui naîtraient en Israël. Pour sauver son fils, une femme israélite l'exposa dans une corbeille bitumée au milieu des roseaux du Nil. La fille du pharaon, en descendant au bain, l'aperçut et le fit recueillir. L'enfant grandit dans l'ignorance de sa race, mais, devenu grand, il prit en haine les oppresseurs de ses frères et tua un Égyptien qui maltraitait un Israélite. Pour éviter le châtiment, il s'enfuit en Asie où il garda les troupeaux. C'est alors que Dieu lui apparut et lui dit : « J'ai vu la souffrance de mon peuple qui est en Égypte et j'ai entendu ses cris de douleur. Va-t'en auprès du pharaon et fais sortir d'Égypte mon peuple, les enfants d'Israël. » Moïse hésitait, mais la baguette qu'il tenait à la main se changea en serpent, puis redevint baguette. Convaincu désormais de sa mission, Moïse alla trouver le pharaon, multiplia devant lui les miracles sans rien obtenir. Alors Dieu frappa les Égyptiens des *dix plaies d'Egypte* qui décidèrent l'Exode. Dans le parcours de la caravane des Hébreux, Moïse continua la série de ses miracles. Sa baguette magique fit entr'ouvrir les eaux de la mer Rouge, tomber la *manne* et jaillir des sources. En présence de tout le peuple et dans le fracas du tonnerre, Dieu l'appela sur le Sinaï pour lui dicter les commandements de la loi. Il maintint le peuple de Dieu dans l'obéissance, réprima sévèrement la tentative impie du Veau d'or et mourut aux portes de la Terre promise où, selon la volonté de Dieu, Israël devait pénétrer après sa mort.

LE VEAU D'OR

Pendant un long séjour de Moïse sur le Sinaï, les Israélites perdirent leur foi dans le Seigneur et voulurent adorer une idole. Avec les bijoux des femmes, Aaron, frère de Moïse, fabriqua un veau d'or semblable au bœuf Apis. Les fêtes commencèrent en l'honneur de ce simulacre. Mais Moïse descendait de la montagne. Il entra dans une grande fureur, brisa le Veau d'or, le réduisit en poussière et fit boire à tout Israël l'eau où il jeta cette poussière.

GÉDÉON

Les Madianites venaient chaque année piller les récoltes d'Israël, quand un jour un homme de la tribu de Manassé, Gédéon, reçut de l'Éternel l'ordre de chasser Madian. Il convoqua les guerriers des tribus voisines, mais l'Éternel les trouva trop nombreux. Gédéon imposa alors à ses hommes l'épreuve de boire à une source sans plier les genoux. Il ne lui en resta que trois cents, auxquels il remit des trompettes et des torches cachées dans des cruches vides. La nuit venue, ils envahirent le camp des Madianites en sonnant de la trompette et en agitant leurs torches. L'ennemi, effrayé, s'enfuit à la débandade et se laissa égorger sans résistance. Gédéon, vainqueur, refusa d'être roi.

JEPHTÉ Jephté, de la tribu de Galaad, chassé de la maison paternelle, vivait de brigandage au désert. Ses compatriotes, surpris par les Ammonites, firent appel à lui. Il accepta de les défendre, mais avant le combat il promit à l'Éternel de lui sacrifier, s'il était vainqueur, ce qui sortirait de sa maison pour venir à sa rencontre. L'Éternel exauça sa prière. Il défit les Ammonites et rentrait joyeux quand il aperçut au-devant de lui sa fille. Il déchira ses vêtements de douleur, mais la jeune fille le rappela d'elle-même à l'observation de son serment. Elle demanda seulement deux mois pour pleurer son sort et vint s'offrir, en victime résignée, au couteau paternel.

SAMSON Dès sa naissance Samson avait été consacré par l'ange du Seigneur comme libérateur futur d'Israël, mais il ne devait point se raser la tête sous peine de perdre sa force. Il accomplit des exploits qui rappellent ceux d'Hercule. Tout jeune, il étrangla un lion de ses mains. Capturé par les Philistins, il rompit ses liens et tua mille d'entre eux avec une mâchoire d'âne. Une autre fois, il emporta les portes de Gaza, ville des Philistins. Mais l'amour d'une femme, nommée Dalila, le perdit. Il se laissa arracher son secret par elle et fut livré, les cheveux coupés, aux Philistins, qui lui crevèrent les yeux et l'emmenèrent en esclavage. Peu à peu les forces lui revinrent, et un jour que ses vainqueurs l'avaient entraîné au temple de leur dieu Dagon, il ébranla les colonnes de l'édifice et périt enseveli sous les ruines avec tous les assistants.

HÉLI L'Arche d'alliance, qui contenait les tables de la loi, était déposée dans la ville de Siloh, en Éphraïm, et gardée par un prêtre nommé Héli. Lors d'une invasion des Philistins, les Israélites voulurent combattre sous la protection de l'Arche et Héli la remit à ses deux fils pour être portée au combat. Les Philistins furent vainqueurs; les deux fils d'Héli périrent et l'Arche fut transportée au temple de Dagon. A cette nouvelle, Héli tomba à la renverse et se tua. L'Éternel montra bientôt sa puissance aux Philistins en déchaînant sur eux des fléaux qui leur firent rendre l'Arche aux Israélites.

SAMUEL

Israël, cependant, gémissait sous le joug des Philistins, qui occupaient le pays. Personne n'avait le droit d'être forgeron, pour qu'on ne pût fabriquer ni épées ni lances. Le juge Samuel, d'Éphraïm, qui avait été consacré au Seigneur dans la maison d'Héli, appela les Israélites à la liberté. Il convoqua le peuple pour une grande fête de purification, et quand les Philistins voulurent dissiper le rassemblement, Dieu donna à son peuple la force de chasser les ennemis. Sous la direction de Samuel, les Israélites repoussèrent les Philistins et envahirent leur territoire. Samuel, vénéré de tous, continua de rendre la justice en Israël. Ce fut lui que l'on chargea de désigner un roi. Il eut beau représenter au peuple qu'il allait se donner un maître et perdre son indépendance, il dut se résigner et faire selon le vœu d'Israël.

Dans tous ces récits, le vrai héros est l'***Eternel***. Sa volonté seule régit les événements et les actions des hommes. Il relève le cœur des faibles, arme le bras des forts, et la foi dans sa puissance suffit à créer et entretenir le patriotisme d'Israël, son peuple.

CHAPITRE VI

LES HÉBREUX — ROIS — PROPHÈTES

LA ROYAUTÉ

Le roi désigné par Samuel fut Saül, de la tribu de Benjamin. Cette royauté fut d'abord un simple commandement militaire. ***Saül***, sacré par Samuel, fut le chef des soldats de Dieu. On lui donna un corps de troupes avec lesquelles il dut assurer la tranquillité des frontières pour permettre aux Israélites de cultiver en paix leurs terres. Il fit avec succès la guerre aux Philistins, aux Ammonites et aux Amalécites. Cependant Samuel continuait de juger Israël et d'être l'interprète de Dieu. Saül voulut s'affranchir de cette tutelle, mais il perdit la confiance de Dieu et de son peuple et il périt dans une défaite.

DAVID

Samuel voyant que l'esprit de Dieu s'était retiré de Saül, avait secrètement sacré roi un jeune berger de Bethléem, nommé *David*. Saül fit de lui son écuyer, puis son gendre après sa victoire sur le géant Goliath. Bientôt après, il le contraignit à s'exiler, par jalousie de ses succès, et David attendit sa mort sur le territoire des Philistins où il commanda une troupe de brigands. Il n'en resta pas moins l'élu du Seigneur. car le brigandage ne fut jamais en Orient une profession décriée. Aussi, à la mort de Saül, fut-il nommé roi par les gens de Juda. Les tribus du nord avaient au contraire choisi *Isboseth*, fils de Saül. Il en résulta une guerre civile dans laquelle David eut le dessus et les douze tribus, réunies sous son autorité respectée, formèrent vraiment le royaume d'Israël.

David fut le véritable fondateur de la puissance juive. C'était un soldat courageux doublé d'un fin politique. Il sut concentrer en lui à la fois l'autorité de Saül et celle de Samuel. Il fut un *roi-prophète*, à la fois chef religieux et chef militaire d'Israël. Il transforma ces montagnards turbulents en sujets disciplinés et de la royauté sans prestige de Saül il fit une monarchie absolue ayant sa capitale. une armée permanente et ses tributaires.

LA CAPITALE

David voulut d'abord établir sa royauté dans une ville royale, citadelle et capitale du royaume. Pour cela il enleva aux Chananéens la place forte de *Jébus*, avantageusement située sur la montagne de Sion, en Judée, au confluent des routes de la mer et de Syrie. Il la fortifia, y bâtit un palais et l'appela **Jérusalem**. Bientôt après y il amena en grande pompe l'Arche d'Alliance et Jérusalem renferma dans ses murs toute la

GROUPE DE JUIFS APPORTANT LE TRIBUT A SALMANAZAR.

Ils sont coiffés d'un bonnet et vêtus d'une robe et d'un grand manteau ou caftan, analogues à ceux que portent aujourd'hui leurs descendants en Palestine, dont un portrait se trouve à la page suivante.

force civile, militaire et religieuse des Israélites, qui dès lors s'appelèrent Judéens ou *Juifs*.

L'ARMÉE

Au début de son règne, David se constitua une garde avec des mercenaires étrangers nommés les *Gibborim*. Ce fut le noyau d'une armée permanente bien disciplinée. Au lieu des levées en masse que l'on pratiquait auparavant, il y eut un contingent fixe de 24000 hommes qui venaient pendant un mois, à raison de 2000 par mois, s'exercer sous les yeux du roi.

L'EMPIRE JUIF

Avec cette force, David entreprit de réduire tous les peuples qui jusqu'alors avaient assailli Israël. Successivement, il dompta les Philistins, les Moabites, les Iduméens, les Amalécites et les Syriens. Les Phéniciens effrayés firent alliance avec lui, et l'empire juif s'étendit depuis l'Euphrate jusqu'à la mer Rouge. Ce furent des guerres d'extermination, semblables à celles des Assyriens, et David imposa de lourds tributs à ceux qu'il n'avait pas massacrés.

Cet empire, d'apparence puissante, était en réalité très faible comme tous les empires orientaux, composés de tributaires. Il se démembra après la mort des grands rois qui avaient fait l'unité d'Israël. De même la monarchie de David eut un caractère nettement oriental. Après ses conquêtes, le roi vécut dans son palais au milieu de ses femmes et de ses trésors. Sa vieillesse fut troublée par des révolutions de palais et des complots. Il fut obligé de combattre son fils *Absalon* révolté contre lui, et le vainquit grâce à ses mercenaires.

JUIF, HABITANT ACTUEL DE PALESTINE.

Actuellement les Juifs de Palestine portent des bonnets et des manteaux curieusement semblables à ceux que portent les Juifs du groupe ancien reproduit à la page précédente. Les traits du visage, les yeux, le nez, la bouche et les oreilles attestent combien les juifs d'aujourd'hui ressemblent aux juifs d'autrefois.

Absalon mort, le vieux roi se consacra à la poésie et composa les psaumes qui portent son nom. Il mourut attristé par les intrigues de ses fils. 1014.

SALOMON

Il eut pour successeur son plus jeune fils *Salomon*, qui fit tuer son frère avec ses partisans, et régna seul. David avait été le roi guerrier, Salomon fut le roi pacifique. Il organisa en Israël la justice, le gouvernement, le commerce et surtout le culte. Sa réputation de sagesse, de gloire et de richesse fut très grande. Les trésors qu'il accumula, les constructions qu'il éleva frappèrent fortement l'imagination des Juifs, peuple pauvre qui n'avait jamais encore connu ces merveilles.

Salomon rendait lui-même la justice sur un trône d'ivoire et d'or dans la grande salle de son palais. Cette solennité rendit ses jugements célèbres dans un peuple habitué aux vieux juges qui prononçaient des arrêts aux portes des bourgades.

Au point de vue de l'administration, le royaume fut divisé en douze circonscriptions qui devaient assurer, chacune pendant un mois, l'entretien du roi et de sa cour.

Ces ressources jointes aux tributs des vassaux ne suffirent pas aux dépenses du roi. Il y joignit le commerce. Il noua des relations avec des étrangers, épousa la fille d'un pharaon, conclut alliance avec le roi de Tyr, *Hiram*, et avec la reine de Saba. Comme Jérusalem commandait les routes qui vont de l'Euphrate à l'Egypte, il exigea des caravanes un droit de péage. Bientôt il se fit entrepreneur de caravanes pour son compte et se réserva les monopoles les plus fructueux.

Les richesses ainsi acquises servirent à l'embellissement de Jérusalem et à la construction du Temple. Ces travaux furent entrepris avec le concours des Phéniciens, car il n'y avait pas d'ouvriers d'art en Israël. Salomon se fit construire un palais somptueux. Mais tout d'abord il continua l'œuvre de David et fit de Jérusalem la cité sainte en y élevant le *Temple de l'Eternel*.

Le Temple fut bâti sur l'emplacement choisi par David. Les architectes et les matériaux précieux vinrent de Phénicie; les Israélites fournirent la main-d'œuvre. Il fallut sept ans pour le terminer. A partir de ce moment Salomon rendit obligatoire à Jérusalem la célébration des fêtes sacrées et les vieux sanctuaires furent abandonnés. Toutes les familles sacerdotales furent appelées au service du Temple et formèrent un clergé puissant dirigé par un grand prêtre. Le Temple symbolisait l'unité du peuple juif et il garda ce caractère dans les âges suivants.

Les dernières années de Salomon furent moins édifiantes. Il laissa s'implanter en Israël les cultes étrangers; il accabla son peuple d'impôts pour subvenir à ses prodigalités. La prospérité de son règne était très compromise quand il mourut en 974 av. J.-C.

LE SCHISME

Cette monarchie fastueuse avait épuisé les ressources des Israélites qui marquèrent leur mécontentement par des discordes. Les tribus du nord, jalouses des tribus du sud où se trouvait le sanctuaire de Jérusalem, refusèrent d'obéir à l'héritier légitime, *Roboam*. Elles acclamèrent pour roi son frère *Jéroboam*. Il y eut dès lors deux Etats : le royaume d'Israël qui comprenait les dix tribus du nord, et le royaume de Juda qui comprenait les deux tribus de Juda et de Benjamin avec la ville de Jérusalem. Cette division du peuple hébreu a été appelée le *schisme*, c'est-à-dire la séparation des dix tribus. 974.

ROYAUME D'ISRAEL

Le royaume d'Israël n'avait ni capitale, ni sanctuaire. Ses rois n'eurent plus de caractère religieux. Il en résulta des révolutions et des apostasies. Plusieurs fois les chefs de l'armée massacrèrent leurs rois et régnèrent à leur place. L'un d'eux, *Omri*, donna une capitale au nouveau royaume; ce fut **Samarie.**

D'autres princes, époux de femmes étrangères, introduisirent en Israël le culte des divinités phéniciennes ou égyptiennes. Le royaume était alors divisé et devenait une proie facile pour les conquérants étrangers. Les plus voisins de ces ennemis étaient les rois de Damas dont Israël put longtemps balancer la puissance; mais quand les Assyriens arrivèrent à leur tour, les rois israélites devinrent leurs tributaires. L'un d'eux, *Osée*, voulut secouer le joug, s'allia aux Egyptiens; mais les Assyriens conduits par Sargon revinrent, emportèrent Samarie après un siège de trois ans et emmenèrent la population en esclavage. 722. — Les Israélites, restés fidèles à l'Eternel, virent dans ces malheurs la marque de la colère divine.

LE ROYAUME DE JUDA

Le petit Etat de Juda fut appauvri dès son origine, par une invasion égyptienne qui enleva les richesses du Temple; mais Jérusalem conserva le culte de l'Eternel. Les cérémonies y eurent un grand éclat quand les rois furent pieux et dociles à la voix des grands prêtres. Mais souvent ces rois furent impies, et pour s'affranchir de l'autorité de l'Eternel ils introduisirent à Jérusalem les cultes étrangers. Dieu, lassé de leurs crimes, déchaîna contre eux les Assyriens. En vain les rois juifs firent alliance avec les Egyptiens; ils durent se soumettre et payer le tribut. Le dernier d'entre eux, *Sédécias*, s'étant révolté, le roi de Babylone, Nabuchodonosor, revint assiéger Jérusalem qui fut prise et détruite ainsi que le Temple. 587. — Les Juifs furent emmenés en captivité et restèrent 70 ans à Babylone jusqu'au jour marqué par Dieu, où Cyrus leur permit de revenir à Jérusalem et de reconstruire le Temple.

LES PROPHÈTES

Pendant que les rois et les grands mécontentaient le Seigneur, de pauvres gens gardaient pieusement le culte de sa Loi. Parmi ces hommes selon Dieu, quelques-uns reçurent de lui la mission d'annoncer son courroux et de rappeler le peuple à ses devoirs. Ce furent les *prophètes*. La plupart étaient des gens de misérable condition qui vivaient retirés au désert ou sur les montagnes. Quand l'esprit de Dieu les envahissait, ils parcouraient les tribus en prêchant la pénitence et en prédisant les catastrophes. Tels furent *Isaïe* et *Jérémie* qui annoncèrent la ruine de Samarie et de Jérusalem. D'autres comme *Elie* et *Amos* en Israël reprochaient publiquement aux rois leur impiété et soulevaient les Israélites contre eux. D'autres enfin, comme *Ezéchiel* et *Daniel*, relevèrent les courages abattus par la captivité en annonçant le triomphe prochain de l'Eternel et la grandeur de son peuple. Les Juifs écoutaient avec respect ces orateurs populaires qui parlaient au nom de Dieu et faisaient des miracles. En revanche les rois, que leur éloquence gênait, les firent souvent périr dans les supplices.

Grâce à ces inspirés il arriva que la religion de l'Eternel, loin de disparaître dans les épreuves, en sortit épurée et agrandie. Jéhovah ne fut plus le dieu d'un petit peuple, mais le dieu universel qui mène à son gré les événements et devant lequel le fort et le faible sont égaux. Ainsi se forma sur les plateaux brûlés de Palestine, dans le sang et la servitude, l'état d'âme qui devait préparer l'avènement du christianisme

LA VIE JUIVE

La Bible dépeint en termes magnifiques la grandeur du peuple juif dont la mission sur la terre fut d'être le peuple de Dieu. Quelques détails nous permettront cependant de voir avec exactitude ce que furent les Israélites pendant la période des rois. Il n'y a point chez eux d'État vraiment organisé. Comme nos Kabyles d'Algérie, leurs tribus disséminées cultivent les flancs des montagnes et habitent d'humbles bourgades faites de masures. Quand l'ennemi survient, ils se réfugient dans les cavernes des rochers. Leur bonheur est de se reposer, au jour du sabbat, à l'ombre des figuiers et, longtemps après Salomon, ils comptent comme heureuses les années où ils peuvent habiter sous les tentes. Leur roi est une sorte de sultan africain auquel ils fournissent des contingents de guerriers et des revenus en nature. Sa cour, nourrie par son peuple, ressemble à une smalah arabe, encombrée de femmes, de serviteurs et de bétail. Son autorité ne se maintient que grâce aux incursions de ses bandes armées. En un mot, tant qu'ils furent indépendants, les Juifs se ressentirent de leur origine ; ils restèrent des nomades qui avaient changé le pâturage pour le labourage.

L'UNITÉ JUIVE

Si les Juifs ne formèrent pas une véritable nation, au sens où nous l'entendons, ils n'eurent pas non plus le sentiment de l'unité. Les haines et les rivalités de tribu à tribu furent une cause perpétuelle de rixes et de guerres. Jamais ils ne surent oublier leurs discordes en vue de l'intérêt commun. Le seul lien qui les unissait était leur foi en Jéhovah et la loi de Moïse. C'est en cela que réside l'originalité du peuple juif. Ce lien très puissant était un lien moral. Les Juifs n'étaient pas associés par des intérêts matériels ; ils poursuivaient, chacun à part, un but commun, qui était d'assurer le service de Dieu. Les rois et les riches oublient parfois dans le bien-être leurs devoirs religieux. Ils s'unissent aux étrangers et adorent les dieux de la force et de la volupté. Mais le menu peuple, qui vit misérablement sur ses rochers et ne commerce point avec l'étranger, reste fanatique observateur de la loi. Il n'épouse point de femmes étrangères, il est docile à la voix des prophètes qui, sortis de son sein, entretiennent sa foi invincible dans l'avenir. Si les Assyriens ravagent Israël et Juda, c'est que Dieu veut purifier Sion par la douleur et par le sang. Un jour viendra où Jérusalem, peuplée de justes, resplendira de la gloire de son dieu. Cette espérance, plus forte que la conquête et la captivité, maintint à l'état de race ceux qui n'avaient pu faire une nation.

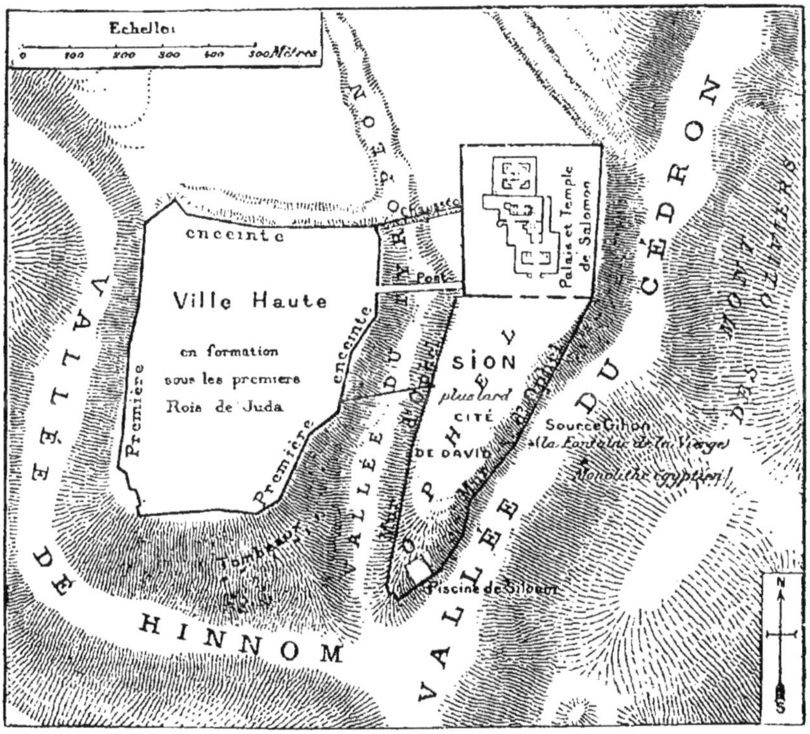

PLAN DE JÉRUSALEM.

JÉRUSALEM

David fit la tentative de fondre les tribus juives en un peuple : il donna à son royaume Jérusalem pour capitale. Cette ville renferma le palais du roi avec le temple de Dieu : et elle fut ainsi, selon l'usage oriental, la capitale non seulement politique, mais religieuse du pays. L'emplacement était des mieux choisis. La colline de *Sion* où s'éleva la citadelle de David est une sorte de nid d'aigle qui domine les derniers contreforts de l'Anti-Liban, au-dessus des gorges du Cédron et d'Hinnom. « Assise au croisement des routes qui mènent de Jaffa au Jourdain, du désert d'Égypte en Syrie, elle commandait la moyenne partie du territoire habité par les Hébreux. » De Jérusalem David pouvait surveiller ses sujets et fondre sur l'ennemi dans les trois directions de la mer Morte, de la Syrie et de la Méditerranée. Mais ce fut moins, à l'origine, une ville qu'un château fort; la construction du temple lui donna son vrai caractère.

LE TEMPLE

David, trop occupé à guerroyer, ne put que choisir l'emplacement du temple; Salomon construisit l'édifice. Comme les Juifs, bergers et laboureurs, ne connaissaient pas les métiers d'art, il s'adressa à des entrepreneurs Tyriens qui lui bâtirent une sorte de petit temple égyptien élevé sur une terrasse assyrienne. « Le temple, dit M. Maspero, avait la façade tournée vers l'orient, il était large de 10 mètres, long de 30 et haut de 15. Les murs étaient en gros blocs de pierre, les boiseries en cèdre sculpté et doré. Pour y entrer, on passait sous un portique et entre deux colonnes de bronze ciselé qu'on nommait Yakin et Boaz. L'intérieur ne comprenait que

LE CHANDELIER A SEPT BRANCHES.

L'empereur romain Titus le transporta à Rome après la destruction de Jérusalem en 70 après J.-C. Il est ainsi représenté dans un bas-relief de l'Arc de Titus représentant le triomphe de l'empereur.

deux salles : *le lieu saint* qui renfermait l'autel des parfums, les chandeliers à sept branches et la table des pains de proposition ; *le Saint des Saints* où l'arche de Jéhovah reposait

ASSISES DE LA TERRASSE DU TEMPLE.
Ces énormes blocs de pierre, seuls restes du Temple, formaient la base de la terrasse sur laquelle il était construit. Les Juifs à certains jours viennent y prier et pleurer.

sous l'aile de deux chérubins en bois doré. Sur 3 côtés de la nef, et jusqu'à moitié de la hauteur, s'étageaient trois rangées de cellules où l'on gardait le trésor et le matériel. Le grand prêtre pénétrait une fois l'an au Saint des Saints. Le lieu saint était accessible aux prêtres et servait aux cérémonies ordinaires du culte ; on y brûlait les parfums et l'on y entassait les pains de proposition. Sur le parvis intérieur, et vis-à-vis de l'entrée, étaient dispersés le grand autel des holocaustes, la *mer de bronze* et les dix bassins de moindre taille, où on lavait les différentes pièces des victimes, les chaudières, les couteaux, les pelles, tous les ustensiles nécessaires au sacrifice sanglant. Un mur bas, couronné d'une balustrade en bois de cèdre, séparait cette cour intérieure ou *parvis* d'une autre cour où le peuple avait accès en tout temps. Les montagnards de Judée virent dans l'œuvre de Salomon un monument grandiose. En réalité ce fut un petit temple pour un petit peuple. »

LE COMMERCE SOUS SALOMON

Salomon semble avoir régné à la façon d'un émir oriental, rendant la justice, commandant l'armée et présidant aux cérémonies religieuses. Ce caractère se marque curieusement dans la façon dont il organisa le commerce sur son territoire. La Judée était la route naturelle des échanges entre les peuples de l'Euphrate et ceux du Nil. Les caravanes qui transportaient les marchandises payaient un droit de passage aux maîtres du pays. Salomon voulut tirer profit de cette situation. Comme le font encore certains sultans arabes ou nègres, il interdit dans son pays le passage de certaines marchandises dont il assura lui-même le transport. Ce commerce lui donna de grandes richesses. Il se réserva à lui seul le droit d'acheter en Égypte le lin, les chars et les chevaux, qu'il revendait fort cher aux princes syriens et chaldéens. Son alliance avec le roi de Tyr, Hiram, lui donna le goût des expéditions lointaines. Aidé des Phéniciens, il construisit sur la mer Rouge une flotte et le port d'*Eziongaber*. Ses navires firent voile pour le pays d'Ophir et ils revinrent avec de l'or, des pierreries, des aromates et des animaux rares. De même la venue de la reine de Saba à Jérusalem semble indiquer une entente avec les chefs d'Arabie pour l'organisation de caravanes entre Tyr et la mer Rouge, à travers le royaume d'Israël. Ces entreprises commerciales furent favorisées par la longue paix de ce règne.

LA LUTTE ENTRE LA ROYAUTÉ ET LE SACERDOCE

Le prestige que Salomon avait donné à la royauté ne se maintint guère après le schisme. Les roitelets de Juda eurent peu de puissance et cette puissance même était amoindrie par l'autorité du Temple qui exerçait son action sur tout Israël. C'était à Jérusalem que tous les fidèles devaient faire leurs sacrifices au Seigneur.

Cette nécessité amenait au Temple une foule de pèlerins et faisait du grand prêtre, chef du culte, un personnage vénéré et redouté, car il ne dépendait pas du roi, mais du peuple. Les grands prêtres affectaient même de rappeler aux rois qu'ils n'étaient que les lieutenants de Dieu sur la terre. Cette dépendance vis-à-vis du clergé parut à certains rois un joug insupportable. Pour secouer ce joug et soustraire leur autorité au contrôle du Temple, ils renièrent leur religion et introduisirent dans le royaume les cultes phéniciens de Baal et d'Astarté. Ils introduisaient en même temps un nouveau clergé, tout dévoué à leur personne, sur lequel ils s'appuyaient pour résister à l'ancien. Les grands prêtres ripostaient par des malédictions et souvent par des complots. Un des épisodes les plus curieux de cette lutte entre le trône et l'autel est l'histoire d'*Athalie*. Après la mort de son mari Joram et de son fils Ochosias, Athalie, phénicienne par sa mère Jézabel, voulut être reine. Elle fit massacrer tous les princes de la famille de Juda et pour soutenir son usurpation elle fit venir de Tyr une garde phénicienne et des prêtres de Baal. Mais pendant le massacre le grand prêtre avait miraculeusement sauvé un jeune fils d'Ochosias. Il l'éleva secrètement dans le Temple sous le nom de *Joas* et quand il eut sept ans, il le présenta solennellement aux lévites comme héritier légitime en lui donnant l'onction royale. Le peuple, qui croyait éteinte la race de David, accueillit la nouvelle comme un miracle, se souleva contre la Phénicienne et la massacra avec ses gardes et ses prêtres. Pour un temps l'Éternel triompha dans Jérusalem.

ISAIE

Trop d'intérêts de ce monde se mêlaient à la lutte des grands prêtres et des rois. La parole de Dieu choisit pour s'exprimer dans toute sa pureté la bouche des prophètes. Tous les prophètes d'Israël et de Juda ont trois caractères communs : 1° ils ont une mission divine ; 2° ils proclament que la notion de Dieu ne peut plus être liée à une existence nationale destinée à périr ; 3° ils annoncent le triomphe futur d'une Jérusalem nouvelle. Il est facile de noter ces traits chez le plus illustre des prophètes, *Isaïe*.

Isaïe vit un jour, dans une contemplation, le seigneur entouré de deux séraphins à six ailes. Le sol tremblait, la salle était pleine de fumée et les séraphins proclamaient la gloire de Dieu. Alors Isaïe s'écria : « C'en est fait de moi, car je suis un homme aux lèvres souillées, et je demeure parmi un peuple aux lèvres souillées, et mes yeux ont vu Jéhovah, le roi des armées ». Alors l'un des séraphins prit un charbon ardent et lui purifia les lèvres.

Ainsi inspiré de Dieu il parle au peuple, aux prêtres et aux rois. Par sa voix Dieu réclame la pureté des cœurs. « Que me fait la multitude des sacrifices ? Je suis rassasié des holocaustes de béliers et de la graisse des veaux. Cessez d'apporter de vaines offrandes.... Cessez de faire le mal. Apprenez à faire le bien. Protégez l'opprimé, l'orphelin et la veuve. »

Les iniquités des hommes ont lassé la clémence de Dieu. Sa colère va s'appesantir sur les peuples. Samarie, la ville impie, sera châtiée la première. Isaïe le prédit : « Malheur à la couronne superbe des ivrognes d'Éphraïm ! Il arrive, l'homme puissant envoyé par Dieu, comme une tempête de grêle, comme un ouragan qui roule des torrents d'eau ».

Juda, au contraire, est gouverné par un roi pieux et le Seigneur lui dit par la bouche d'Isaïe : « Sennachérib n'entrera point dans cette ville, car je la garantirai afin de la sauver pour l'amour de moi et pour l'amour de David, mon serviteur ».

Mais les fautes du peuple sont trop grandes ; il faut que les pécheurs et les criminels disparaissent. « Alors, dit Isaïe, le roi d'Assyrie et toute sa gloire pénétrera dans Juda. Il débordera et l'inondera. Ce que Dieu fit à Samarie, ne le fera-t-il pas à Jérusalem et à ses images ».

Puis ce sera le tour des Assyriens : « Quand le Seigneur aura accompli son œuvre sur la montagne de Sion, il punira le roi d'Assyrie dont le cœur est plein d'orgueil. Encore un peu de temps et sa colère se tournera contre lui et le détruira ».

Enfin c'est la vision consolatrice d'un avenir de paix et de justice quand « le reste d'Israël et les débris de la maison de Jacob seront convertis au dieu fort et puissant ». Alors : « un rameau sortira du trône de David et un rejeton naîtra de ses racines.... L'esprit de l'Éternel sera sur lui.... Il jugera les pauvres avec justice et, du souffle de ses lèvres, il fera mourir le méchant ». Des souffrances du peuple juif sortira le triomphe de Dieu qui régnera sur les nations enfin réconciliées ; car : « c'est de Sion que viendra l'enseignement et la parole de l'Éternel. Il sera l'arbitre des nations et leur dictera ses arrêts. Une nation ne lèvera plus l'épée contre l'autre ; et elles ne sauront plus rien de la guerre ».

Cette parole ardente troublait les rois impies ; l'un d'eux, Manassé, fit périr le prophète.

CHAPITRE VII

LES PHÉNICIENS

COLONIES ET COMMERCE

Les Phéniciens ont joué dans l'antiquité un rôle considérable, bien qu'ils fussent un très petit peuple. Ils furent marins et commerçants et servirent d'intermédiaires entre les peuples anciens. Ils n'eurent point de civilisation particulière, mais ils contribuèrent puissamment

TYPES SYRIENS.

Dans le premier on peut reconnaître le type sémite. Son costume est celui des Assyriens, robe longue, manteau, fez et turban. Le second est vêtu du pagne à l'égyptienne. Il est dans l'attitude de la prière et de la main gauche il tient un pot de fleurs et un vase à parfums qu'il offre à son dieu.

à propager celles des autres nations, et leurs navires, en sillonnant la Méditerranée, furent les premiers éducateurs des barbares d'Europe.

LA PHÉNICIE La nature du pays qu'ils habitèrent les disposa à ce rôle. La Phénicie n'est, en effet, qu'une série de ports échelonnés le long de la mer de Syrie, sur une bande de terre fort étroite. Cette côte, dont la largeur ne dépasse guère 8 ou

UN COIN DE LA CÔTE DE SYRIE.

La côte est généralement faite de rochers sur lesquels la mer vient se briser; elle n'est accessible qu'en quelques points où se sont créés les ports, d'autant plus importants qu'ils sont moins nombreux.

10 lieues, est adossée au Liban et privée de communications avec l'intérieur. De plus, la montagne envoie vers la mer des éperons rocheux qui découpent le rivage en petites zones presque fermées

les unes aux autres. De bonne heure les habitants du pays s'accoutumèrent à communiquer entre eux par la mer. Pour cela, les forêts de cèdres qui couvraient le Liban leur fournirent en abondance des bois de construction. L'art de la navigation fut donc chez eux l'œuvre de la nécessité. Ils y trouvèrent bientôt plus de profit que dans l'exploitation du sol et ils s'adonnèrent entièrement au commerce.

LES PHÉNICIENS

Les Phéniciens étaient un peuple sémite, venu, comme les Égyptiens et les Hébreux, des plaines de la Chaldée. Ils eurent des Chaldéens l'esprit d'ingéniosité et d'entreprise. Ils eurent aussi l'habitude de construire des villes indépendantes, dont pas une ne fut assez forte pour conquérir les autres et former un grand État. Leur puissance n'était pas sur terre, mais sur mer. Leurs villes étaient les ports d'Arad, Byblos, Beyrouth, Sidon, Tyr et Acre. Chacun d'eux était bâti sur un promontoire ou un îlot, au débouché d'une vallée fertile. La célébrité leur vint de l'extension que prirent leur marine et leur commerce. Deux villes, à des époques successives, dépassèrent prodigieusement les autres en importance et en gloire : ce furent *Sidon* et *Tyr*.

RELIGION DES PHÉNICIENS

Le caractère sémite des Phéniciens se conserva surtout dans leur religion. Chaque ville eut, comme les villes chaldéennes, son seigneur et maître qu'on appelait le *Baal*. A côté de lui, on adorait une divinité féminine, nommée *Baalit* ou *Astarté*. Ces couples divins furent aussi nombreux que les localités du pays, mais leurs noms différèrent souvent. Le Baal de Byblos s'appelait *Adonis*, celui de Tyr *Melkart*.

BAAL HAMMON.

Terre cuite où le dieu Baal est représenté avec une figure humaine, le front garni des cornes de bélier, symbole de force. D'autres fois, pour exprimer ce symbole, on le représentait avec une tête de taureau. Les cornes de bélier sont aussi les attributs d'Ammon, dieu de Thèbes; de là le nom de Baal-Hammon, donné à cette statuette.

En général, le Baal représente le soleil, maître du ciel et de la terre. Il est capricieux et farouche. Sa colère ne peut être apaisée que par des sacrifices, et, dans certains cas, on lui immole des hommes et surtout les enfants des rois et des nobles. Les victimes sont brûlées vives devant lui, au son des flûtes et des trompettes, pendant que les mères assistent impassibles au sacrifice. Le dieu est figuré par une statue d'homme ou de taureau, quelquefois d'homme à tête de taureau. Melkart est représenté en guerrier victorieux. La légende lui attribuait des conquêtes lointaines, et on appelait le détroit de Gibraltar les *colonnes de Melkart*, parce qu'il avait posé là les bornes de son empire.

Astarté est la lune, la déesse de l'amour et du printemps. Elle préside à tout ce qui disparaît et renaît; aussi son culte est-il un mélange de violentes explosions de douleur et de fêtes tumultueuses. On la représente comme une femme ayant à la main une colombe, et dans les cheveux le croissant lunaire.

Ces dieux sont supposés résider dans les hauts arbres de la montagne, dans des pierres brutes appelées *bétyles*, ou dans des colonnes telles que les Phéniciens en placèrent dans le temple de Salomon. C'est pourquoi, en dehors des temples, il y eut des autels dressés sur le sommet des montagnes et qu'on appela les *Hauts-Lieux*.

Les Phéniciens implantèrent leurs dieux sur tous les rivages de la Méditerranée, et la Vénus Aphrodite des Grecs ne fut qu'une transformation de l'Astarté phénicienne. De même la légende d'Hercule se confond, sur bien des points, avec celle de Melkart.

HISTOIRE DE LA PHÉNICIE

Les villes phéniciennes se développèrent de façon obscure, sous le gouvernement de chefs nommés *suffètes*. Préoccupées de leurs intérêts commerciaux, elles s'abstinrent de prendre part aux querelles de leurs voisins. Elles ne voulurent pas risquer les dangers ni les frais d'une résistance aux grands conquérants, et successivement elles se firent d'elles-mêmes les tributaires des Egyptiens, puis des Assyriens. La révolte de Tyr contre les Assyriens, qui amena sa décadence, fut une exception à cette règle de prudence.

L'histoire intérieure des cités ne nous est guère connue qu'à Tyr. A part le règne prospère d'*Hiram*, l'ami de David et de Salomon, elle nous présente une longue suite de révolutions intérieures et de luttes entre l'aristocratie et le parti populaire. C'est là une nouveauté dans le monde oriental. Il s'était formé à Tyr une classe d'hommes libres, sans fortune : marins, soldats mercenaires, ouvriers de manufactures. Certains prétendants au trône s'appuyèrent sur eux pour renverser leurs rivaux. Il en résultait des révolutions suivies souvent d'émigrations du parti vaincu. Ce fut une défaite du parti noble qui amena la fondation de *Carthage* vers 814.

La véritable histoire de Phénicie est celle de son commerce et de ses colonies. Elle se divise en deux périodes : la période de Sidon et celle de Tyr. Les Sidoniens et les Tyriens sont comparables aux Portugais, aux Hollandais et aux Anglais, qui ont successivement couvert le monde de leurs possessions et de leurs comptoirs.

SIDON

Sidon, sujette fidèle des Égyptiens, atteignit, dès le xve siècle avant notre ère, une grande prospérité. Les pharaons avaient accordé à ses marins le privilège de faire le commerce extérieur de l'Egypte et leur avaient permis d'élever des entrepôts dans des quartiers réservés de différentes villes du delta et même de Memphis, où ils formèrent une véritable ville.

Les Sidoniens se lancèrent à la découverte des terres nouvelles et des marchandises précieuses dans tout le bassin oriental de la Méditerranée. Placés en face de *Chypre*, ils occupèrent cette île, riche en cuivre, et y fondèrent plusieurs villes, dont Paphos et Amathonte. De Chypre, ils passèrent sur la côte de Cilicie et de Carie, où leurs comptoirs furent très florissants. Ensuite ils colonisèrent *Rhodes*, qui en reçut le surnom de Phénicienne. Puis ce fut le tour des îles de la mer Egée : *Paros*, qui leur fournit du marbre; *Mélos*, du soufre et de l'alun; *Thasos*, de l'or; *Cythère*, la pourpre de ses coquilles. Ils tirèrent aussi la pourpre de la *Crète*, dont ils occupèrent toute la côte. Remontant vers le nord, ils s'emparèrent de *Lemnos*, *Samothrace* et *Thasos*, et exploitèrent les mines de la *Thrace*. Ils osèrent même franchir les détroits et s'engagèrent dans la mer Noire vers le *Caucase* et les pays, alors fabuleux, d'où l'on rapportait l'étain, l'argent, l'or et les esclaves. Ils commercèrent aussi sur toutes les côtes de Grèce, et la légende veut que Thèbes, en Béotie, ait été fondée par le Phénicien Cadmus.

Ils apportaient aux Grecs les étoffes, les bijoux et les statuettes des dieux de l'Orient; mais en les initiant à la civilisation, ils s'en firent des rivaux et des concurrents. Les Grecs se mirent à leur tour à construire des navires avec lesquels ils attaquèrent les Phéniciens dans leurs îles et les chassèrent de la mer Egée. Dans le même temps, les richesses de Sidon excitaient la cupidité des Philistins, qui prirent cette ville et anéantirent sa suprématie (xiiie siècle).

TYR

Tyr, où s'étaient réfugiés beaucoup de Sidoniens, remplaça Sidon. Les Tyriens devinrent les *rouliers des mers*; mais, tandis que les Sidoniens avaient exercé leur action dans la Méditerranée orientale, les Tyriens dirigèrent leurs efforts vers la Méditerranée occidentale, dans la direction de l'Afrique et de l'Espagne.

Par les côtes de Grèce ils gagnèrent l'Italie, la Sicile, Malte et l'Afrique. Ils entourèrent la *Sicile* d'une ceinture de colonies, parmi lesquelles Palerme. Ils découvrirent et exploitèrent la *Sardaigne* et les *Baléares*. En Afrique, ils s'établirent solidement sur la côte de notre Tunisie et y eurent les villes d'*Utique*, d'*Hadrumète* et, plus tard, de *Carthage*. Longeant la côte d'Afrique, ils atteignirent le détroit de Gibraltar, au delà duquel ils trouvèrent le pays de *Tharsis*, l'Andalousie actuelle, terre fertile et riche en minerais, d'où ils tirèrent en abondance le blé, l'huile, la laine et l'argent. *Gadès* (Cadix), fondée dans une admirable situation, devint le centre des possessions phéniciennes en Espagne. De Tyr à Gadès et de Gadès à Tyr, les communications furent bientôt aussi régulières qu'entre Chypre et la Phénicie.

Les Tyriens s'aventurèrent aussi dans l'Océan. Ils explorèrent les côtes de *Gaule* et de *Bretagne* et découvrirent des îles, qu'ils appelèrent *Cassitérides*, d'où ils rapportaient de l'étain. De l'autre côté, il semble qu'ils descendirent jusqu'au *Sénégal*.

CARTHAGE

Tyr, orgueilleuse de ses richesses, voulut se révolter contre la domination des Assyriens. Mais elle subit des sièges et des ravages qui la rendirent impuissante à défendre son empire colonial contre les Grecs et les Carthaginois.

L'héritière de sa puissance en Méditerranée fut sa colonie de Carthage. Cette ville d'Afrique devint promptement assez puissante pour entrer en rivalité avec la mère patrie. Quand Tyr, ruinée par les Assyriens, ne fut plus assez forte pour protéger ses établissements lointains, Carthage groupa sous sa domination les Phéniciens d'Afrique, de Sicile et d'Espagne, et constitua ainsi l'*empire punique*, qui devint l'ennemi commercial des Grecs et le rival menaçant de la République romaine.

LES COLONIES PHÉNICIENNES

C'est par centaines qu'on peut compter les colonies phéniciennes; mais sous ce nom il faut comprendre trois genres d'établissements très distincts.

En Egypte et dans les pays civilisés, les Phéniciens se bornèrent à obtenir des rois des *concessions*, comme en ont les Européens en Chine. C'étaient des quartiers, indépendants des villes indigènes, où ils pouvaient librement élever des docks et des bazars. Ces quartiers prenaient une grande importance dans certaines villes, comme ce fut le cas à Memphis, et ils étaient le centre du commerce international.

Dans les pays barbares ils fondaient des *comptoirs*. Choisissant un îlot ou un promontoire facile à défendre, ils y bâtissaient des entrepôts, des magasins, des ateliers et un temple. Les populations du voisinage y venaient faire des échanges et il se tenait là de véritables foires. Les Phéniciens ne s'y établissaient pas à demeure et le comptoir n'avait qu'une population flottante de marins et de marchands.

Certaines possessions furent au contraire de véritables *colonies*, semblables à notre Algérie. Les Phéniciens y fondèrent des villes, soumirent les indigènes et administrèrent le pays. Parmi ces possessions on peut citer Chypre, Rhodes, la Crète, le nord de l'Afrique et le sud de l'Espagne.

LE COMMERCE PHÉNICIEN

Le commerce des Phéniciens fut considérable car il comprit non seulement le commerce de mer, mais aussi le commerce de terre. Les Phéniciens en effet étaient répandus dans toutes les villes de l'Asie. Ils y vendaient des marchandises venues de Sidon et de Tyr, ou les objets qu'ils

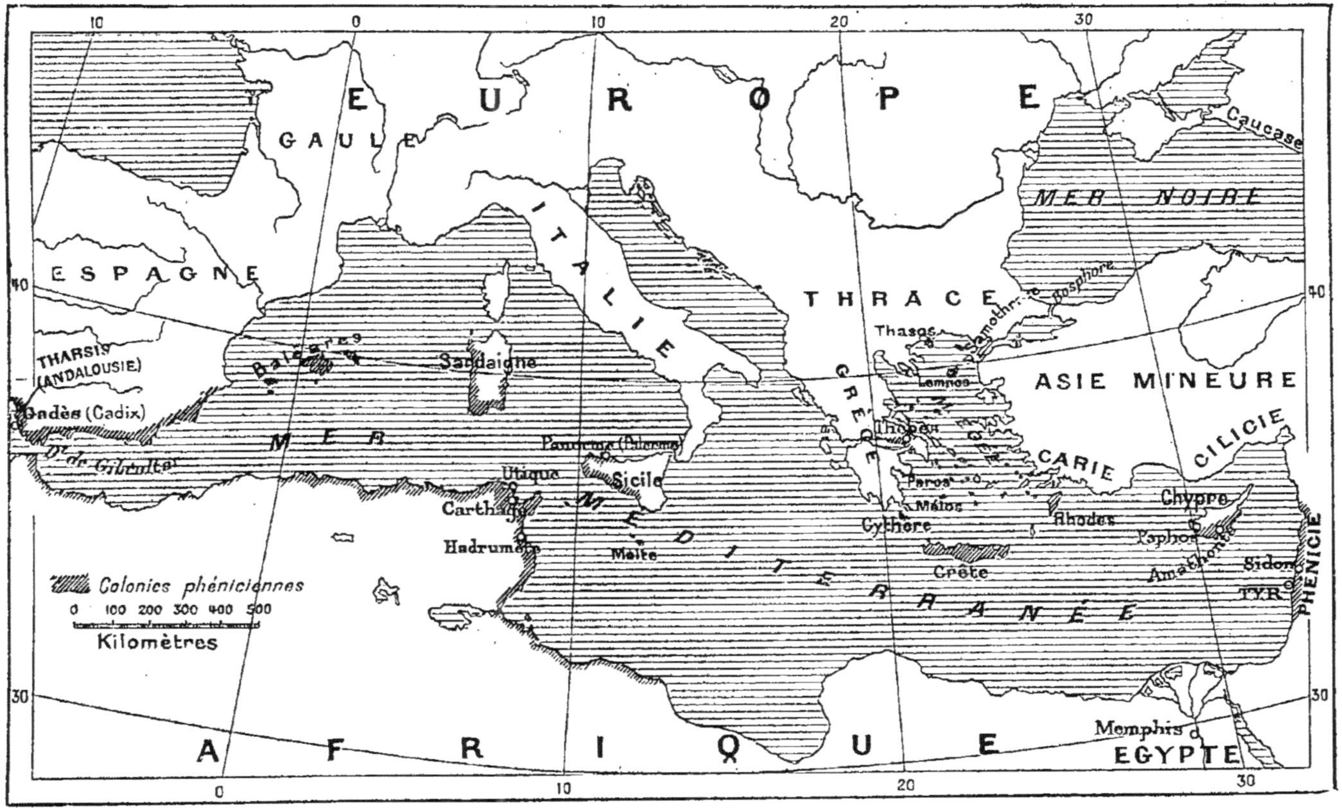

CARTE DES COLONIES PHÉNICIENNES

Indiquant à l'Est les principaux établissements de Sidon, à l'Ouest ceux de Tyr.

fabriquaient eux-mêmes. De plus ils avaient organisé à travers tout l'ancien monde un réseau de caravanes qui mettait en communication la Caspienne et le golfe Persique avec la Méditerranée. De cette façon leurs navires et leurs chameaux firent affluer à Tyr les produits du monde entier.

D'Arabie, il venait l'encens, la myrrhe et l'onyx; de l'Inde, les pierres précieuses, les épices, l'ivoire, les bois parfumés; d'Egypte,

TYR. — Vue actuelle.
Dans cette vue, prise de la côte, on ne distingue pas le chenal qui sépare la ville du continent.

les chevaux, le lin, les cotonnades; d'Afrique, l'or, l'ébène, l'ivoire et les plumes d'autruches; d'Espagne, le blé et l'argent; des îles grecques, le cuivre, l'étain, le marbre, la pourpre; d'Assyrie, les étoffes précieuses, les tapis, les parfums, les dattes; du Caucase, les métaux et les esclaves.

Toutes ces marchandises n'étaient pas seulement matière d'importation ou d'échange. Beaucoup étaient manufacturées à Tyr et en repartaient sous forme d'articles d'exportation. Il en résultait un prodigieux va-et-vient de tout ce qui se vendait et s'achetait alors dans l'univers.

L'INDUSTRIE PHÉNICIENNE

L'originalité du commerce phénicien fut d'être alimenté par une puissante industrie. Tandis que les autres peuples de l'Orient n'avaient, comme aujourd'hui du reste, que des artisans fabriquant avec quelques aides leurs étoffes et leurs bijoux, les Tyriens rassemblèrent de nombreux ouvriers dans de grands ateliers et créèrent l'usine. Par ce moyen ils fabriquèrent en grande quantité et à bon compte leurs articles d'exportation.

Leurs spécialités furent la verrerie, les vases, les bijoux, les images de dieux et les étoffes de pourpre. Ils perfectionnèrent les procédés de tissage des Egyptiens, et leurs métiers fournirent toute la Méditerranée d'étoffes de gaze et de tissus brodés très recherchés. Les bijoux, les vases et les statuettes qu'ils vendirent aux Grecs et aux Etrusques servirent de modèles aux premiers essais de l'art européen. Ce n'étaient guère des œuvres d'art; le même modèle était reproduit un nombre infini de fois et l'exécution en était peu soignée. Ils avaient ce cachet de banalité qui distingue aujourd'hui nos articles de bazar. La plupart étaient des contrefaçons d'ouvrages égyptiens et assyriens, et avaient tous les défauts de la production abondante et hâtive.

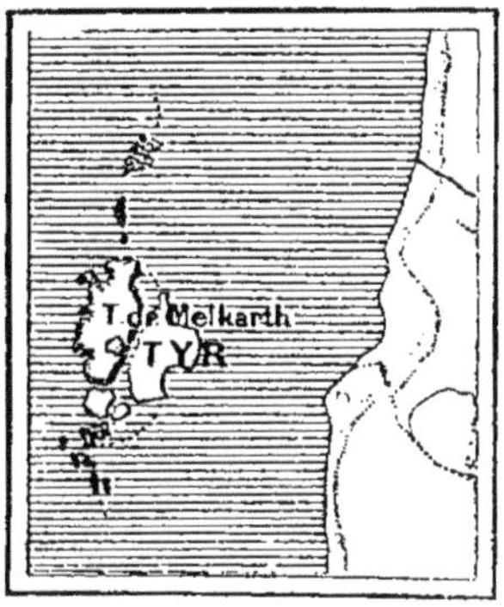

TYR.

Deux industries sont particulières aux Phéniciens, celles du *verre transparent* et de la *teinture de pourpre*. La côte leur fournissait les matières premières, le sable blanc et les coquillages; les Egyptiens leur avaient appris à fondre le verre opaque et apprêter la teinture. Ils appliquèrent à ce travail leur science d'organisation et en firent la principale source de leur richesse.

Telle fut l'activité de ce peuple qui vécut, non pour s'agrandir, mais pour s'enrichir, et qui, sans le vouloir, répandit à travers le monde, avec ses ballots de marchandises, les arts, les sciences, les religions, le bien-être, toute l'œuvre de la pensée humaine.

En Phénicie, les hommes vivent, pensent et agissent en vue du commerce. Tout chez eux se rattache à cette préoccupation unique: leurs mœurs, leurs inventions et même leurs plaisirs.

UNE VILLE PHÉNICIENNE TYR

Une ville phénicienne était un entrepôt protégé par un dieu et défendu contre les attaques des voisins. Il fallait mettre en sûreté les marchandises des docks, l'outillage des ateliers et les richesses des négociants. C'est pourquoi la ville s'élève sur des rochers voisins de la côte ou sur un promontoire. L'espace manque pour s'étendre et la maison orientale, basse et plate, fait place ici à de hautes constructions à plusieurs étages. C'est ainsi qu'il faut voir Tyr.

Tyr fut d'abord dispersée en plusieurs petites villes séparées l'une de l'autre par des bras de mer peu profonds. Le roi Hiram combla les détroits qui coupaient les divers quartiers et gagna sur la mer un terrain assez considérable au moyen de remblais et de quais. Malgré cet agrandissement, la surface occupée par les habitations n'était pas large et ne devait guère contenir plus de 35 000 âmes. Alors la ville déborda sur le continent et ses marchands étagèrent leurs villas sur les pentes du Liban. Le bas peuple dut s'y constituer aussi des faubourgs.

Tyr était animée d'une vie extraordinaire. Dans le port, c'était le mouvement continuel des arrivées et des départs, le débarquement des cargaisons, l'agitation des manœuvres. Dans les rues étroites se pressait une cohue bariolée où se coudoyaient toutes les nationalités de l'Orient dans les costumes les plus divers. Tyr était une Venise où régnait l'activité de Marseille.

L'ART PHÉNICIEN

Cette vie de voyages et d'affaires, la petitesse des villes, l'absence d'un gouvernement riche et dépensier eurent pour résultat que les Phéniciens n'ont pas eu d'art original.

Les rares monuments phéniciens qui ont échappé à la destruction accusent une imitation servile de l'architecture égyptienne. Les Phéniciens ont appris des Égyptiens à construire en pierres, à se servir des colonnes et de la maçonnerie à lignes droites. Leurs tombeaux furent creusés dans la montagne comme les hypogées de Thèbes. L'entrée est ornée d'un portique à colonnes qui rappelle la stèle égyptienne. Les cercueils déposés dans les chambres mortuaires affectent les formes des sarcophages égyptiens. Plusieurs d'entre eux sont venus directement d'Égypte et l'on se contenta de gratter les hiéroglyphes pour y graver une inscription phénicienne.

Dans l'art industriel nous constatons le même défaut d'invention. Les vases en argent, en bronze ou en verre que l'on fabriquait à Tyr sont décorés de motifs égyptiens. L'influence de l'Assyrie vint bientôt s'ajouter à celle de l'Égypte et les ouvriers phéniciens assemblèrent dans un même dessin les figures décoratives des deux pays. Les colliers, les bracelets, les broches, les boucles et les pendants d'oreilles exportés de Phénicie rendirent partout familiers les sphinx, les chimères, les griffons et autres figures fantastiques écloses dans l'imagination des artistes du Nil ou de l'Euphrate. Les statuettes en verre ou en terre cuite émaillée, si estimées des clients de Tyr, reproduisaient les images des dieux d'Égypte ou d'Assyrie. En un mot les Phéniciens ne cherchèrent pas à créer des formes nouvelles: il leur suffit de gagner de l'argent à reproduire ou contrefaire ce qui était à la mode et à livrer des commandes.

LA NAVIGATION

Ce qui appartint en propre à ce peuple ce fut l'art de la navigation. Les Phéniciens furent longtemps les seuls marins du monde. Leurs bateaux étaient de grandes barques à demi pontées, aux flancs rebondis, munis d'une quille. Sur leurs flancs s'étageaient deux rangs de rameurs et quand le vent le permettait, on s'aidait d'une grande voile. Deux types principaux étaient en usage : les navires de transport, aux extrémités rondes, et les navires de guerre, munis d'un éperon à la proue. Les Phéniciens n'ayant pas de boussoles apprirent à s'orienter sur l'étoile polaire dans leurs voyages de nuit. Le cas était rare. On voyageait de préférence le jour en suivant les côtes. Chaque soir on jetait l'ancre dans une rade: ou bien l'on tirait le navire sur le sable pour camper à terre. On repartait ensuite de pointe en pointe, sans perdre la terre de vue. C'est de cette façon que fut explorée la Méditerranée.

Les marchands phéniciens partaient avec un chargement approprié aux pays qu'ils visitaient. Une fois débarqués ils échangeaient leurs marchandises contre les produits de la région et allaient plus loin recommencer leurs opérations. Ces voyages étaient souvent très longs et bien des négociants ne revoyaient Tyr qu'au bout de plusieurs années.

Aux profits du commerce ils ne dédaignaient pas de joindre ceux de la piraterie. Souvent ils razzièrent les villages barbares. D'autres fois, ils se contentaient d'attirer à leur bord des femmes curieuses d'objets de toilette et levaient l'ancre au milieu des

Vaisseau de guerre phénicien, marchant a la rame et a la voile.

L'avant est terminé par un éperon. L'artiste a naïvement entouré le vaisseau de poissons, d'étoiles de mer et de crabes.

Vaisseau de commerce, dit vaisseau rond, marchant a la rame.

Il y a ici deux rangs de rameurs en deux étages. On aperçoit la tête des rameurs du premier rang; le gouvernail à l'arrière est formé par deux longues rames ou godilles.

marchandages. C'est que les esclaves blancs atteignaient un grand prix sur les marchés d'Orient et nulle cargaison n'avait plus de valeur. Beaucoup de légendes grecques, où il est ques-

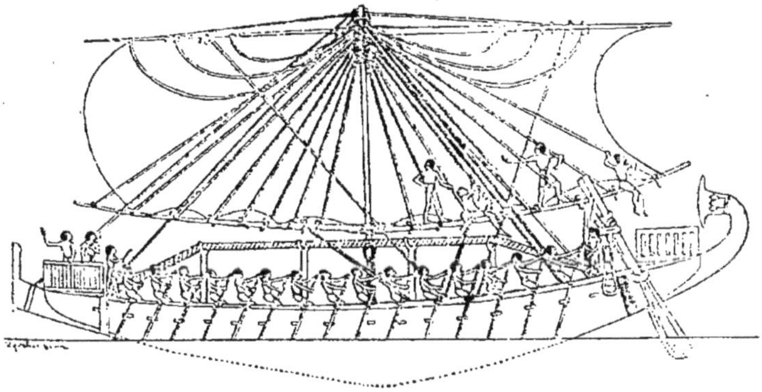

VAISSEAU ÉGYPTIEN.

Ce dessin, rapproché des précédents, montre combien habiles étaient les artistes égyptiens. Tous les détails de la voilure sont reproduits: le mode d'attache des godilles du gouvernail est indiqué. A l'avant, sur une sorte de passerelle, un joueur de flûte rythme les mouvements des rameurs.

tion d'enlèvements, cachent des actes de piraterie phénicienne.

Chaque patron de bateau avait le plus grand souci de vouloir tenir sa route secrète. Jamais les Phéniciens ne divulguaient les endroits où ils commerçaient. La crainte des concurrents allait chez eux jusqu'à l'héroïsme, et l'on vit des pilotes échouer leur bateau plutôt que de laisser voir où ils allaient.

LES MARCHANDISES RARES

Les Phéniciens s'étaient créé de véritables monopoles. Ils avaient accaparé le commerce lucratif des esclaves, de l'étain et de la pourpre.

Les *esclaves*, prisonniers de guerre, n'étaient pas rares dans les pays victorieux. Ailleurs il fallait les payer cher et le luxe ancien exigeait une grande variété de serviteurs. Tyr concentra bientôt sur ses marchés les nègres tirés de l'Éthiopie et les blancs importés de Grèce ou du Caucase. Les Tyriens savaient où se procurer les captifs vendus après la victoire et les enfants que les parents troquaient pour des bibelots. Ils furent les fournisseurs de tous les palais de l'Égypte et de l'Asie.

L'étain était alors un métal précieux parce qu'il servait à la composition du bronze et qu'on n'en trouvait point sur les bords du Nil et de l'Euphrate. Les navigations les plus mystérieuses des Phéniciens eurent pour but la recherche de ce métal et c'est pour l'acquérir qu'ils affrontèrent les tempêtes de la mer Noire et de l'Océan.

La pourpre est un liquide rougeâtre contenu dans l'extrémité d'un coquillage appelé *murex*. Il y en avait plusieurs espèces. Le murex de Phénicie donnait un rouge violet, très apprécié, qu'on appelait la pourpre royale. Le murex de Grèce donnait une teinte plus violette, celui de l'Atlantique une teinte presque noire. Grâce à l'importation des laines d'Espagne, il se fit à Tyr un commerce très actif d'étoffes de pourpre. Ces étoffes furent dans toute l'antiquité un commerce de grand luxe, car le murex était rare et l'étoffe était deux fois teinte. La réputation s'en conserva jusqu'aux derniers jours de l'empire romain.

LE MUREX.

L'ALPHABET

Il était nécessaire, pour le bon ordre des opérations de commerce, que l'on pût facilement lire, écrire et compter. Les Phéniciens apprirent des Assyriens la science du calcul et ils inventèrent l'*alphabet* ou plutôt ils adaptèrent à leurs besoins les alphabets de l'Égypte. Les signes de l'écriture égyptienne, même ceux de l'écriture cursive, avaient le grave défaut de noter les uns des syllabes, les autres des mots, quelques-uns des lettres. Il existait même assez souvent plusieurs signes pour un même son. Les Phéniciens, grâce à leur génie pratique, simplifièrent ce système compliqué. Ils choisirent *vingt-deux* lettres, tirées des écritures cursives et hiératiques de l'Égypte, et avec ces lettres ils purent noter tous les sons et toutes les articulations de leur langue. Ils créèrent ainsi l'alphabet qu'adoptèrent les Grecs, puis tous les autres peuples. Cet alphabet ne fut plus composé de syllabes et de mots, mais de *voyelles* et de *consonnes* avec lesquelles on put écrire les mots de toutes les langues.

LES ENTREPRENEURS PHÉNICIENS

Les marchands de Phénicie agissaient ordinairement chacun pour son compte; mais parfois ils se groupèrent et formèrent de véritables compagnies de construction ou de navigation. Les princes étrangers traitaient avec eux pour édifier des monuments ou équiper des flottes. C'est ainsi que le roi Sennachérib fit venir de Phénicie des ingénieurs et des matelots afin de se créer une flotte sur l'Euphrate et le golfe Persique. Salomon confia à des entrepreneurs phéniciens la construction du temple de Jérusalem. Avec leur concours il fonda le port d'Eziongaber sur la mer Rouge et lança ses navires à la recherche du pays d'Ophir. De la mer Rouge partirent aussi, pour le compte du pharaon Nechao, les Phéniciens qui firent en trois ans le tour de l'Afrique. Nous verrons enfin le roi de Perse recourir aux Phéniciens pour transporter ses troupes en Grèce.

LES FÊTES PHÉNICIENNES ADONIS

Les Phéniciens eurent des âmes de marins. Ils redoutaient Baal, le maître des éléments qu'ils affrontaient chaque jour, et ce culte fut, comme nous l'avons vu, brutal autant que solennel. Mais ils aimaient Astarté qui incarnait pour eux les biens de la vie, la joie du repos après la tempête. Ils l'adoraient avec une exubérance de matelots à terre. Toutes les fêtes phéniciennes ont ce caractère excessif. On peut en juger par la description que fait M. Maspero des fêtes d'Adonis :

« Les mystères de la grande déesse étaient célébrés près de Byblos, dans la vallée du fleuve Adonis. Au solstice d'été, au moment où « l'été tue le printemps », elle ensevelissait son époux, Adonis, le maître des maîtres, *Adon Âdonim*, qu'un sanglier monstrueux avait mis à mort, et le pays entier s'associait à son deuil. Sur les catafalques dressés dans les temples, des statues en bois peint représentaient le dieu qu'on veillait avant de le conduire au tombeau : partout dans les villes, dans les bois, par les montagnes, des troupes de femmes échevelées ou la tête rase, les habits déchirés, la poitrine et le visage meurtris en signe de douleur, erraient et se lamentaient à grand bruit. On enterrait le simulacre et on préparait les jardins d'Adonis, sorte de vases où des rameaux verdoyants, plantés sans racines, se desséchaient promptement au soleil. Vers l'automne, à la suite des pluies qui tombent dans le Liban, les torrents versent à la mer des flots d'eau rougeâtre. C'était le sang d'Adonis, et la vue en redoublait la douleur des fidèles. Sept jours durant ils menaient grand deuil, mais le huitième, les prêtres annonçaient que, revenu à la vie, il allait rejoindre la déesse. Aussitôt la joie éclatait bruyante et désordonnée. »

Vivre pour gagner, et gagner pour jouir de la vie, tel fut le sort de ce peuple actif et utile, mais qui laissa à d'autres la gloire d'étendre les conquêtes de l'esprit.

CHAPITRE VIII

LES PERSES — CYRUS — DARIUS

Les Perses, nation d'origine aryenne, c'est-à-dire de la race des peuples d'Europe, devaient rassembler tous les peuples d'Orient en un vaste empire bien organisé. Avec eux commence le grand rôle de la race aryenne dans l'histoire. Ils introduisirent dans le monde une religion plus pure, une morale plus haute et ils substituèrent à la brutale conquête des Sémites une administration régulière. Ils vécurent obscurément dans les montagnes du plateau de l'Iran jusqu'au jour où ils en sortirent pour conquérir l'Asie.

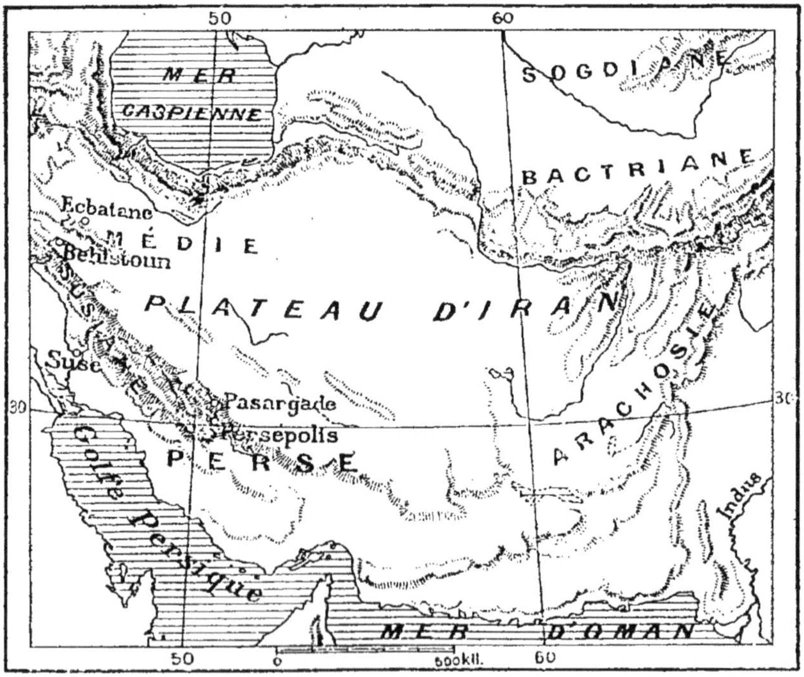

CARTE DE LA PERSE.

PAYSAGE DE PERSE. — ROUTE DE L'ARAXE.

Les Perses habitaient les montagnes qui tombent sur le golfe Persique et bordent au sud le plateau de l'Iran. La photographie est prise sur les bords de l'Araxe, rivière que suivait la route de Persépolis.

L'IRAN L'Iran est un vaste plateau qui s'étend de la Caspienne au golfe Persique, et de la vallée du Tigre à celle de l'Indus. Ce plateau lui-même est un désert alternativement glacial et brûlant; les montagnes qui le bordent sont entrecoupées de vallées, sillonnées de torrents et d'un climat moins rigoureux. Partout où il y a de l'eau le sol est d'une fertilité merveilleuse. Les céréales y poussent en abondance; les pâturages y nourrissent une race de chevaux magnifiques; c'est la patrie de presque tous les arbres fruitiers; c'est la terre des fleurs, célèbre par ses champs de roses. Les cantons les plus fertiles se trouvent dans la chaîne du Zagros, voisine du Tigre. C'est là que se fixèrent et se développèrent les *Mèdes* et les *Perses*.

LES PERSES Mèdes et Perses étaient deux familles d'une même race venue des plaines du Turkestan. Ils avaient la peau blanche, le nez droit, la figure ovale, les cheveux lisses, une barbe épaisse. Les Mèdes habitèrent près de la Caspienne et

DARIUS.

Ce bas-relief, qui passe pour représenter Darius, représente un homme d'un type tout à fait différent des types égyptiens, syriens, juifs, assyriens. Il a le nez droit et les lèvres minces, traits caractéristiques de la race indo-européenne ou aryenne.

TYPE PERSAN ACTUEL.

Les traits de la physionomie de ce Persan de nos jours comparés à ceux de Darius accusent la même origine. Même nez droit, même lèvres minces, traits caractéristiques de la race indo-européenne ou aryenne.

devinrent les premiers riches et puissants. Un de leurs rois, Cyaxare, contribua même à la chute de Ninive. Les Perses occupèrent la région plus pauvre qui borde le golfe Persique. Ils restèrent longtemps de rudes montagnards, défrichant le sol et gardant leurs troupeaux. Cette vie de fatigues en faisait des soldats aguerris. Ils furent des conquérants dès qu'ils eurent un chef.

RELIGION DES PERSES

La religion des Mèdes et des Perses leur fut révélée, d'après les traditions, par un sage nommé ***Zoroastre***. Né de race royale, il avait passé sa jeunesse dans une lutte continuelle contre les démons, quand il fut ravi en extase par Dieu qui lui confia le livre de la loi, le *Zend-Avesta*.

AUTELS DU FEU, PRÈS DE PASSARGADE.

L'autel du feu ou pyrée se compose d'une sorte de piédestal en pierre auquel est adossé un escalier de pierre. C'est sur la plateforme supérieure que les mages allument le feu sacré.

Revenu sur la terre, il prêcha la parole sainte aux Iraniens.

Selon Zoroastre, le monde est le théâtre de la guerre entre le principe du bien et le principe du mal. Le principe du bien est le Seigneur et Sage, *Ahura-Mazda*, ou *Ormuzd*. « C'est lui, dit une inscription, qui a créé cette terre. C'est lui qui a fait le ciel là-haut. C'est lui qui a fait les hommes. Il est le dieu de la vie, de la pureté, de la vérité. » Tout ce qui est bon et utile est l'œuvre d'Ormuzd : la lumière, le feu, l'eau, les moissons, les fruits et les animaux domestiques. Il est assisté dans son œuvre par six génies principaux, dont *Mithra*, le dieu-soleil, et des milliers de génies secondaires.

Le principe du mal est l'Esprit d'angoisse, *Ahriman*. Il a tous les caractères de Satan. Il est le dieu des ténèbres et l'ennemi des hommes; on le représente quelquefois avec le corps d'un serpent. Toutes les misères, tous les vices, tous les fléaux et les malheurs sont son œuvre. Il commande à l'armée des mauvais génies et des démons. La lutte entre ces deux armées de génies également actifs et redoutables durera jusqu'à la fin des temps. Elle se terminera par le triomphe d'Ormuzd et alors règneront la lumière, la vie et la vérité.

LE CULTE

Ormuzd n'avait ni statues, ni temples. On l'adorait sous la forme de la flamme, symbole de la pureté. Zoroastre établit le culte du feu. Sur les montagnes, on allumait un feu autour duquel on récitait des prières et l'on célébrait des sacrifices. Certains feux étaient permanents et entretenus par des prêtres. On édifiait dans ce but des autels de pierre appelés *pyrées* sur lesquels brûlaient des bûchers de bois odoriférants.

Les prêtres de ce culte s'appelaient *Mages*. Ils formaient une caste fermée qui acquit en Perse une grande autorité. Ils mêlèrent à leurs rites un certain nombre de pratiques assyriennes et firent profession de prédire l'avenir.

L'homme, protégé par un ange gardien, peut en tout temps adorer Ormuzd en faisant le bien. Ce culte se confond ainsi avec la morale. Pour être agréable à Ormuzd, il faut aider à son triomphe en labourant la terre; en fondant une famille; en protégeant les créatures utiles, surtout le chien; en s'appliquant aux bonnes pensées et aux bonnes actions.

LA MORALE

Le principe de la morale perse est la *pureté*. L'homme doit rester pur d'esprit et de corps. Par là seulement, il méritera les faveurs d'Ormuzd. S'il s'écarte de la perfection, il n'y rentre pas par les offrandes et les sacrifices, mais par le repentir. Avant tout, il doit être honnête et loyal. « Les Perses, dit Hérodote, ne connaissent rien de plus honteux que de mentir et, après le mensonge, de faire des dettes, car, disent-ils, celui qui a des dettes ment forcément. »

Il faut aussi garder la pureté de son corps et ne pas toucher les objets impurs comme les cadavres et les lépreux. Or, tout ce qui est mort est impur, il faut s'en écarter soigneusement.

Sur cette idée de pureté ils fondèrent un curieux rite de funérailles. On ne devait ni brûler le corps, ni l'enterrer, ni le jeter à la rivière; c'eût été souiller le feu, la terre ou l'eau. Pour éviter cette souillure, on enduisait le corps de cire avant de l'enterrer. Le plus souvent on abandonnait le cadavre aux oiseaux de proie en le jetant dans de grandes tours rondes ouvertes par le haut.

Le mort devait rendre compte à Ormuzd de la pureté de son âme. Trois jours après le décès l'âme sortait du cadavre et se présentait au jugement dernier. Puis elle traversait le pont *Chinvat*. Si elle était pure, elle passait facilement; sinon elle tombait dans l'abime où elle était la proie des démons. Pure, elle devenait familière d'Ormuzd et bienfaitrice de ses descendants.

CYRUS

Ce peuple vigoureux et idéaliste, dur à la peine et prompt à l'enthousiasme, se souleva un jour à la voix de son roi *Cyrus*. Tout n'est que légende dans les récits connus sur l'enfance de Cyrus; mais il est certain que, sous la conduite de Cyrus, les Perses attaquèrent les Mèdes, renversèrent leur roi et mirent Cyrus à sa place (549). Roi des Mèdes et des Perses, Cyrus entreprit la conquête du monde.

Il s'attaqua d'abord à *Crésus*, roi de *Lydie*, maître de tous les peuples d'Asie Mineure au delà de l'Halys, et le plus fameux des anciens rois par sa richesse. La guerre fut indécise pendant l'été, mais contrairement aux usages de la guerre ancienne, les montagnards perses tinrent campagne pendant l'hiver, surprirent Crésus et l'enfermèrent dans *Sardes*. La ville fut prise d'assaut après quatorze jours de siège et le reste de l'Asie Mineure tomba au pouvoir de Cyrus (546). Il dirigea ensuite ses coups dans la direction de l'est et soumit la *Bactriane*, la *Sogdiane*, l'*Arachosie*, toute l'étendue de pays qui va de la mer d'Aral au golfe Persique (545-539). — De retour dans ses États il attaqua la *Chaldée* et emporta Babylone (538). Tous les pays de l'empire assyrien subirent sans combat la domination nouvelle et l'empire perse s'étendit de l'Indus à l'isthme de Suez.

Cyrus n'envahit pas l'Egypte, ce fut l'œuvre de son fils Cambyse. Il remonta vers le nord et périt dans une expédition contre les peuples nomades de la Russie méridionale, appelés Scythes.

La conquête perse fut douce et clémente aux vaincus. Les traditions l'ont constaté en célébrant la bonté et la générosité de Cyrus. Il traita les Mèdes en peuple frère; il accorda la vie à Crésus et le reçut parmi ses conseillers; il respecta la ville de Babylone, il permit aux Juifs de rentrer à Jérusalem. Ce traitement nouveau frappa l'imagination des anciens qui virent dans Cyrus une sorte de héros chevaleresque.

DARIUS

Cyrus avait constitué l'empire perse. *Darius* l'étendit et l'organisa. C'était un prince de la famille royale qui monta sur le trône après avoir délivré la Perse d'un usurpateur nommé *Gaumâta*, qui se faisait passer pour fils de Cyrus et persécutait la religion d'Ormuzd. Cette usurpation avait favorisé de nombreuses révoltes. Darius se présenta donc comme restaurateur de la monarchie légitime, de la vraie religion et de l'intégrité de l'empire.

L'empire entier était en révolution, car chaque province tentait de se rendre indépendante. Darius, avec une grande célérité, dompta d'abord la Chaldée, la Médie et la Perse; les pays éloignés ne tardèrent pas à faire leur soumission (521-519). Darius fit plus tard graver la célèbre inscription de Béhistoun où il raconte ses victoires sur les révoltés.

Ces révoltes lui avaient montré la nécessité de constituer un empire homogène. Il s'y appliqua par l'organisation des *satrapies* et, cela fait, il continua les conquêtes de Cyrus.

Deux routes s'ouvraient à lui : la route de l'Inde et la route d'Europe. Il se dirigea d'abord vers l'Inde. Il traversa les défilés qui mènent à la vallée de l'Indus et soumit toute une province. Des Grecs, qui étaient à son service, lui construisirent alors une flotte qui descendit l'Indus et regagna les ports du golfe Persique et de la mer Rouge.

Du côté de l'ouest il marcha contre les Scythes du Danube et du Don. Les Grecs d'Asie lui fournirent les bateaux qui formèrent les ponts du Bosphore et du Danube. Mais les Scythes, fuyant toujours devant lui, épuisèrent son armée qui revint en désordre en Asie. Il conserva de cette expédition la satrapie de Thrace et son empire eut pour bornes l'Indus, la Caspienne, la mer Noire, le Sahara, les déserts d'Arabie et le golfe Persique. Cette puissance formidable allait se heurter, du vivant même de Darius, au petit peuple grec qui lui infligea, à *Marathon*, son premier échec.

LES SATRAPIES

Darius institua dans son empire le système de gouvernement appelé protectorat, tel que le pratiquent les Français en Tunisie. Les peuples soumis gardèrent leurs mœurs, leurs langues, leurs religions et leurs princes. Mais le pays fut divisé en 23 circonscriptions qui avaient chacune à leur tête un résident général ou *satrape* nommé par le roi. Le satrape, choisi parmi les seigneurs perses, avait l'autorité suprême en matière de justice et d'impôts. A ce vice-roi étaient adjoints un *secrétaire royal*, chargé de surveiller ses actes, et un *général* qui commandait les troupes d'occupation. La rivalité de ces trois personnages empêchait les abus de pouvoir et prévenait les révoltes.

En outre des inspecteurs royaux, appelés *les yeux et les oreilles du roi*, contrôlaient chaque année l'administration du satrape et, au besoin, le suspendaient de ses fonctions. Un service régulier de courriers mettait les provinces en rapport avec le roi et assurait la prompte exécution des ordres.

Les satrapies constituaient surtout une administration financière. Chaque satrape devait répartir, lever et verser l'impôt. Les Perses seuls furent exemptés de toute contribution, mais ils devaient offrir des cadeaux au roi chaque fois qu'il parcourait le pays. Les autres satrapies payèrent des tributs en argent et en nature. Ainsi la Lydie et la Mysie devaient 500 talents d'argent; la Syrie et la Phénicie, 350. Ces revenus atteignaient 80 millions de notre monnaie. L'Egypte fournissait 120000 mesures de blé; la Cilicie, 350 chevaux de luxe; la Médie 100000 moutons, 3000 chevaux, 4000 mulets, etc.... De

Rochers et bas-reliefs de Béhistoun.

Ces rochers, hauts de 456 mètres, se dressent au bord de la route qui va de Babylone au pays des Mèdes sur le plateau de l'Iran. A partir de 100 mètres au-dessus de la route, ils sont couverts d'inscriptions où Darius raconte ses victoires. Darius est lui-même représenté triomphant de ses ennemis enchaînés.

plus, chaque satrapie devait entretenir son satrape et ses gens.

Pour faciliter les paiements et les échanges Darius fit frapper des pièces d'or et d'argent à son effigie, qu'on appela *Dariques*

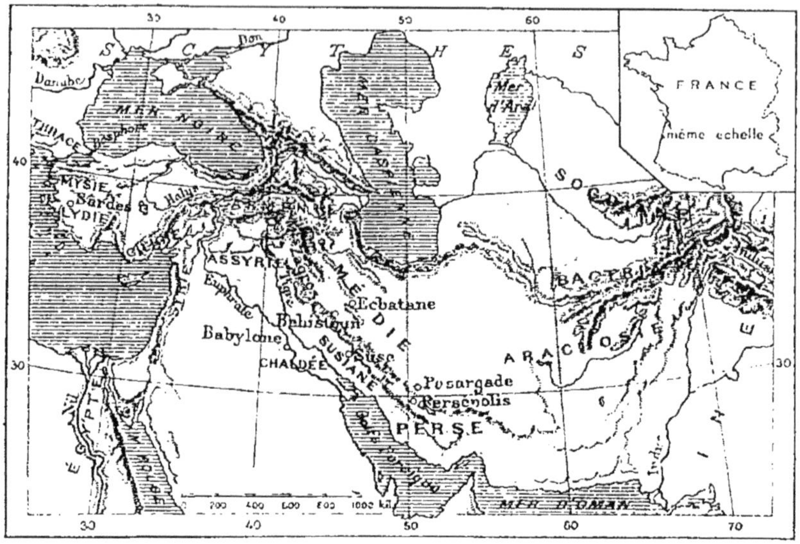

CARTE DE L'EMPIRE PERSE.

LE GRAND ROI Cette organisation mit aux mains de Darius la plus grande puissance et la plus grande richesse qu'on eût jamais vues jusqu'alors. On l'appela le *Grand Roi* et il s'appliqua à jouer son personnage. Il adopta le cérémonial des rois assyriens et vécut retiré dans son palais, entouré d'une cour de plusieurs milliers de serviteurs, de gardes et de fonctionnaires. Personne ne pouvait le voir qu'avec sa permission. Il se montrait alors sur son trône d'argent et d'or, tenant à la main son sceptre d'or. Il était vêtu de la longue robe médique à manches évasées, était coiffé d'une tiare ornée de pierreries et portait de nombreux bijoux avec une ceinture d'or. Autour de lui se tenaient des serviteurs dressant sur sa tête le parasol et le chasse-mouches. On se prosternait en sa présence et un ordre de lui condamnait à mort le satrape ou l'intendant coupable à l'autre bout de son empire.

Il résidait dans les villes de *Suse*, de *Pasargade* ou de *Persépolis*, qu'il avait embellies de palais magnifiques.

Dans cette vie fastueuse, les Perses perdirent les qualités de leur race, et ces conquérants, devenus les plus efféminés des hommes, furent facilement vaincus par les Grecs.

Les Perses, passés trop vite de l'obscurité à la puissance, n'eurent pas le temps de fonder une civilisation. Ils empruntèrent, en les modifiant, les coutumes et les arts des peuples conquis.

MŒURS ET COUTUMES

Les Perses honoraient avant tout l'agriculture et la paternité. Les fêtes de famille avaient chez eux une grande importance et l'on célébrait par de grands repas l'anniversaire de la naissance. Ils étaient grands mangeurs, grands buveurs, et ils discutaient volontiers à table les affaires sérieuses. Leur politesse entre eux était renommée. Ils renoncèrent vite à leurs habitudes de montagnards et adoptèrent facilement les coutumes étrangères. « Ils prirent, dit Hérodote, l'habillement des Mèdes, s'imaginant qu'il est plus beau que le leur. » Cet habillement des Mèdes et des Perses était une longue robe bariolée, couverte souvent de dessins de fleurs et d'animaux, avec une sorte de turban ou de bonnet de laine appelé *tiare*.

L'éducation des enfants a pour but d'en faire des hommes honnêtes et de bons soldats. Jusqu'à l'âge de cinq ans, l'enfant ne se présente pas devant son père et il reste aux mains des femmes. Jusqu'à vingt ans il n'apprend que trois choses : monter à cheval, tirer de l'arc et dire la vérité. Les ennemis du surmenage intellectuel vantaient beaucoup en Grèce l'éducation perse, et Xénophon la donne pour un idéal dans son roman éducatif qui a pour titre l'*Enfance de Cyrus*.

LA LÉGENDE DE CYRUS

La vie de Cyrus fait le sujet de nombreuses légendes. Les Perses, peuple de parvenus, voulurent ennoblir le héros de leur indépendance et ils l'apparentèrent dans leurs récits au roi de Médie. Voici ce qu'ils racontent : Astyage, roi de Médie, avait marié sa fille Mandane à un seigneur perse. Bientôt des songes lui apprirent qu'il serait détrôné par son petit-fils. Il attendit donc la naissance de l'enfant, l'enleva à sa mère et donna à son chef des gardes, Harpage, l'ordre de le faire périr. Harpage, touché de pitié, se contenta de l'exposer sur une montagne où il fut recueilli par un ménage de bergers. L'enfant grandit au village et manifesta bientôt sa race royale en exigeant l'obéissance des autres enfants. Le fait fut rapporté à Astyage qui, frappé de certaines coïncidences, découvrit la vérité. Il punit cruellement son chef des gardes, mais éleva l'enfant et le nomma gouverneur de la Perse. Alors Cyrus, excité par Harpage qui voulait se venger, appela ses concitoyens à la révolte et renversa du trône Astyage abandonné de son armée.

LE CULTE DU FEU

S'ils prirent les coutumes des étrangers, les Perses gardèrent avec soin leur culte national du feu. Aux jours fixés, les Mages, vêtus de longues robes blanches, coiffés de hautes tiares et tenant à la main des rameaux de tamarisque, montaient en procession aux autels du feu. Là ils préparaient la victime, prononçaient sur elle les formules de consécration et versaient les libations rituelles. Cela fait ils distribuaient aux assistants le *hôma*, boisson alcoolique composée d'herbes pilées et filtrées. Puis ils immolaient la victime, cheval, bœuf, chèvre ou brebis. La bête était dépecée, mais on n'en brûlait pas les morceaux qui auraient souillé la pureté du feu. On les exposait devant l'autel et ils servaient à un repas solennel accompagné de chants religieux.

L'ARMÉE PERSE

L'armée perse se composait de troupes nationales et d'auxiliaires étrangers. Hérodote la décrit avec détails.

La garde du roi formait un corps de 10000 hommes, appelés les *Immortels*. Leur costume ne se distingue de celui des autres troupes que par la richesse. Celles-ci portaient des bonnets de laine appelés tiares, des tuniques de diverses couleurs garnies de manches, des cuirasses écaillées et des jambières. Les soldats étaient armés de la lance, de l'arc et du poignard. Ils tenaient la lance à deux mains et avaient au bras un grand bouclier d'osier nommé *gerrhe*.

Les auxiliaires assyriens avaient des casques d'airain, des massues garnies de fer et des cuirasses formées de plusieurs couches de toile collées ensemble. Les Saces étaient armés de la hache et de l'arc. Les Indiens et les Caspiens étaient aussi des archers.

La cavalerie avait le même costume et le même armement. Elle était secondée dans l'attaque par des chars armés de faulx aux moyeux. Enfin les convois se composaient de chameaux qui surprirent étrangement les peuples d'Asie Mineure.

L'ART PERSE

Les Perses empruntèrent aux Assyriens leur architecture, leur sculpture et leur décoration ; mais ils en mélangèrent les éléments avec ceux de l'art égyptien et même de l'art grec. Ils ne construisirent pas de temples

FANTASSINS PERSES. LES IMMORTELS. (Frise des Archers.)

Fragment de céramique représentant deux Immortels de la garde royale. Ils ont un turban et des bottines jaunes, des carquois bruns à ornements verts, garnis de pendeloques blanches à boucles d'or. La robe du premier est jaune à fleurs vertes et blanches ; la bordure est brune à dessins verts et blancs. La robe du second est blanche, brodée de carrés jaunes et verts. La bordure est verte à dessins blancs. Tous deux ont des arcs blancs et portent des bracelets et des anneaux d'or. On peut se rendre compte par ce détail de la perfection à laquelle les Perses portaient l'art de la brique émaillée.

puisque leur culte ne le permettait pas, mais ils édifièrent de beaux palais royaux. Ces palais furent bâtis en pierre de taille

FRAGMENT DES RUINES DE LA TERRASSE DE PERSÉPOLIS.

La terrasse dominait la plaine d'une hauteur de 6 mètres. Elle était couverte de quatre palais : on aperçoit au fond les ruines du palais de Darius. D'immenses colonnes comparables, par la hauteur (16 mètres) à celles de la salle hypostyle de Louqsor, ornaient le palais de Xerxès. L'escalier principal par lequel on montait à la terrasse a plus de 6 mètres de large : il est si doux que des cavaliers peuvent aisément le monter et le descendre.

UNE PORTE DU PALAIS DE DARIUS, SUR LA TERRASSE DE PERSÉPOLIS.

La forme du fronton rappelle certains frontons des monuments égyptiens. L'ouverture a plus de 4 mètres de haut. Sur un des côtes un bas-relief représente Darius abrité sous un parasol que porte un page. La porte donnait sur un portique soutenu par huit colonnes.

et non en brique comme ceux des Assyriens. Ce furent des monuments sans étages mais élevés sur des terrasses superposées. Les lignes en étaient élancées; ils renfermaient de nombreuses salles sur colonnes; les plafonds étaient de bois précieux, peints et revêtus de métal; l'extérieur était décoré de briques

FAÇADE D'UNE MAISON DE PAYSAN PERSE DE NOS JOURS.

Cette façade, avec ses poteaux et son portique précédant la porte, rappelle aujourd'hui l'architecture du palais de Darius.

émaillées. Telles sont les indications que nous ont rapportées M. et Mme Dieulafoy de leurs fouilles à Suze et à Persépolis.

PERSÉPOLIS On peut se figurer la grandeur des palais perses par les ruines de Persépolis où il reste la terrasse, les grands escaliers, plusieurs portes, dont la porte monumentale, et quelques colonnes de la salle du trône. « Cette

RESTAURATION DE LA FAÇADE DU PALAIS DE DARIUS.

L'on aperçoit dans le fond sous le portique la porte reproduite ci-dessus. Les huit colonnes sont terminées par des chapiteaux formés par deux têtes de taureaux. Les murs étaient décorés de briques vernissées et colorées qui formaient la célèbre frise des archers rapportée au Louvre par M. Dieulafoy, dont un fragment se trouve reproduit page 121.

salle, dit M. Perrot, était un des édifices les plus grandioses et les plus vastes que l'homme ait jamais construits jusqu'au jour où l'emploi du fer a mis à sa disposition des ressources nouvelles. Il s'en faut de peu que les 72 colonnes qui portent ici les plafonds atteignent la hauteur des douze énormes colonnes qui à Karnak forment la nef centrale de la salle hypostyle. Il n'y a pas de cathédrale, hors celle de Milan, dont les murs enveloppent et couvrent comme cette salle un espace de 7300 mètres carrés. »

La colonne perse, qui a 19 m. 42 de hauteur, est très élancée. C'est l'œuvre d'un peuple qui a de l'élévation dans le caractère. Elle est curieuse par ses énormes chapiteaux, formés de plusieurs volutes superposées et terminés par deux têtes de taureaux adossés.

LA DÉCORATION D'ÉMAIL

La décoration des murs extérieurs du palais était très riche de couleur. Elle se composait de briques émaillées d'invention assyrienne. Seulement, tandis qu'en Assyrie le dessin des briques est posé à plat, en Perse il est en saillie et semble un bas-relief coloré. Nous possédons, au musée du Louvre, deux morceaux splendides de cet art décoratif : la *frise des archers* et la *frise des lions*. Les lions gris et verts se détachent sur un fond bleu, les archers sur un fond jaune. Leur costume reproduit celui des Immortels : tunique blanche ou jaune semée de fleurs, turban vert, bottes de cuir jaune, arc jaune, carquois brun, pique à pomme d'argent. Les couleurs sont d'un éclat merveilleux et d'une conservation parfaite. (Voir page 121.)

LA SCULPTURE

La sculpture des Perses est tout assyrienne. Les portes des palais sont gardées par des taureaux à tête d'homme et les exploits des rois sont contés en bas-reliefs. Le plus curieux de ces derniers monuments est le rocher de *Behistoun*. Ce rocher, haut de 456 mètres, surplombe la route d'Ecbatane. A partir de 100 mètres du sol, il est couvert d'inscriptions cunéiformes et de bas-reliefs. Le principal bas-relief représente le triomphe de Darius sur les révoltés. La couronne en tête et l'arc à la main, le roi pose le pied sur un homme couché à terre. Devant lui se tient une file de neuf prisonniers, les mains liées et la corde au cou. Au-dessus plane la figure ailée d'Ormuzd.

TOMBEAU DE DARIUS A NARCH-I-ROUSTEM, PRÈS PERSÉPOLIS.

Ce tombeau est taillé en plein roc et comme suspendu entre ciel et terre. Il n'y a ni rampe ni escalier pour y pénétrer. La façade se compose de deux parties : 1° un portique dont les colonnes et la porte de fond rappellent l'entrée du palais précédent ; 2° un bas-relief où Darius est représenté en adoration devant un autel du feu, sur une estrade que des captifs soutiennent à bras tendus. Au-dessus plane l'image d'Ormuzd.

LES TOMBES ROYALES

Les tombes sont des demeures funéraires taillées en plein roc. L'entrée représente l'entrée d'un palais : mais il n'y a, pour y accéder, ni escalier, ni rampe. Elle est située à quelque distance du sol, et le corps du roi y était introduit à l'aide d'appareils spéciaux.

Tous ces monuments nous permettent de voir dans les Perses des hommes de goût qui, s'ils inventèrent peu, surent tirer un parti judicieux des inventions des autres.

Tableau synchronique des principaux événements de l'Ancien Orient.

Égypte.	*Chaldée-Assyrie.*	*Hébreux.*	*Phéniciens.*	*Perses.*
LES PREMIERS PHARAONS (v. 5000) **Ménès.**	. . . .	. . . .	. . . .	. . . .
LES CONSTRUCTEURS DES PYRAMIDES (v. 3500). **Chéops.** **Kephren.** **Mycerinus.**	ROYAUTÉS D'OUR. . . . — D'AGADÉ. . . . — DE SIRTELLA. . .	LES PATRIARCHES . . . **Abraham.**	. . . .	. . . .
LA XIIe DYN. A THÈBES (v. 2200). (LAC MŒRIS. LABYRINTHE).	. . . .	. . . .	. . . .	. . . .
INVASION DES HYCSOS (XIVe-XVIIe DYN.)	ROIS DE LA 1re BABYLONE (vers 1800-1700). **Hamurabi.**	ISRAEL EN ÉGYPTE.	. . . .	. . . .
LES CONQUÉRANTS DE LA XVIIe DYN. (v. 1600). **Thoutmès III.**	. . . .	. . . .	. . . .	. . . .
SPLENDEUR DE THÈBES, XIXe DYN. (v. 1250). **Ramsès II.**	ROIS D'ASSUR	LES JUGES	PUISSANCE DE SIDON (v. 1300).	. . . .
L'ANARCHIE EN ÉGYPTE (v. 1000-700).	**Teglath-Phalasar** . . . . ROIS DE NINIVE . . . . . CONQUÊTES ASSYRIENNES. . .	**Saül** (v. 1050). . . . **David** (v. 1012) . . . . **Salomon** (v. 971) . . . . SCHISME DES 10 TRIBUS (v. 974).	EXTENSION DE TYR (v. 1100) . . . . **Hiram**, roi de Tyr.	. . . .
LES ROIS ÉTHIOPIENS DE NAPATA.	. . . .	. . . .	FONDATION DE CARTHAGE (v. 814).	. . . .
Sabacon (v. 722). **Taharqua** (v. 704).	**Sargon** (v. 722). . . . . **Sennachérib** (v. 705) . . . **Assar Haddon** (v. 681) . . **Assurbanipal** (v. 668). . .	PRISE DE SAMARIE PAR LES ASSYRIENS (v. 722).	. . . .	. . . .
PRISE DE THÈBES PAR LES ASSYRIENS (v. 662). LES ROIS DE SAÏS : **Psammétik I** (v. 655).	PRISE DE NINIVE PAR LES MÈDES (vers 626).	. . . .	. . . .	**Cyaxare**, roi des Mèdes (v. 625).
Néchao (v. 609).	EMPIRE DE BABYLONE. . . . **Nabuchodonosor** (v. 604). .	PRISE DE JÉRUSALEM PAR LES BABYLONIENS (v. 587).	SIÈGE DE TYR (v. 585-573).	**Cyrus**, roi des Perses (v. 550).
Amasis (v. 569). CONQUÊTE DE L'ÉGYPTE PAR LES PERSES (v. 525).	PRISE DE BABYLONE PAR CYRUS (v. 538).	. . . .	. . . .	**Cambyse.** **Darius** (v. 521).

TABLE DES MATIÈRES

CHAPITRE I

L'Égypte. — Le Nil. — Les Égyptiens. — La Religion 1

CHAPITRE II

La Société égyptienne. — Les Pharaons. — Monuments. — Arts. — Écriture 18

CHAPITRE III

Chaldéens. — Assyriens. — Babylone 38

CHAPITRE IV

Religion. — Arts et Sciences des Chaldéens et des Assyriens. . 56

CHAPITRE V

Les Hébreux. — Patriarches. — Juges. 70

CHAPITRE VI

Les Hébreux. — Rois. — Prophètes 83

CHAPITRE VII

Les Phéniciens. — Colonies et Commerce 95

CHAPITRE VIII

Les Perses. — Cyrus. — Darius 110

48819. — Paris, Imprimerie LAHURE, 9, rue de Fleurus.

HISTOIRE UNIVERSELLE

PUBLIÉE PAR UNE SOCIÉTÉ DE PROFESSEURS ET DE SAVANTS

SOUS LA DIRECTION DE M. VICTOR DURUY

FORMAT IN-16, BROCHÉ

La terre et l'homme, par M. Alfred Maury. 1 vol. . . . . . 6 fr.
Chronologie universelle, par M. Dreyss. 2 vol. . . . . . . 12 fr.
Histoire générale, par M. Duruy. 1 vol. . . . . 4 fr.
Histoire sainte, par M. Duruy. 1 vol. . . . . 3 fr.
Histoire ancienne des peuples de l'Orient, par M. Maspero. 1 vol. . . . . 6 fr.
Histoire grecque, par M. Duruy. 1 vol. . . . . 4 fr.
Histoire romaine, par M. Duruy. 1 vol. . . . . 4 fr.
Histoire du moyen âge, par M. Duruy. 1 vol . . . . 4 fr.
Histoire des temps modernes, par M. Duruy. 1 vol . . . 4 fr.
Histoire de France, par M. Duruy. 2 vol. . . . . 8 fr.
Dictionnaire historique des institutions, mœurs et coutumes de la France, par M. Chéruel. 2 vol . . . . 12 fr.
Histoire d'Angleterre, par M. Fleury. 1 vol. . . . . 4 fr.
Histoire résumée d'Italie, par M. Zeller. 1 vol. . . . . . 5 fr.
Histoire de la Russie, par M. Rambaud. 1 vol. . . . . . 6 fr.
Histoire de l'Autriche-Hongrie, par M. Louis Leger. 1 vol. 5 fr.
Histoire de l'empire Ottoman, par M. de la Jonquière. 1 vol. 6 fr.
Histoire de la littérature grecque, par M. Pierron. 1 vol. 4 fr.
Histoire de la littérature romaine, par le même. 1 vol. . 4 fr.
Histoire de la littérature française, par M. Demogeot. 1 vol. 4 fr.
Histoires des littératures étrangères, par le même auteur 2 vol. . . . . 8 fr
Histoire de la littérature italienne, par M. L. Etienne. 1 vol. 4 fr.
Histoire de la littérature anglaise, par M. Augustin Filon. 1 vol . . . . 6 fr.
Histoire de la physique et de la chimie, par M. Hoefer. 1 vol.. . . . . 4 fr.
Histoire de la botanique, de la minéralogie et de la géologie, par le même. 1 vol. . . . . 4 fr.
Histoire de la zoologie, par le même. 1 vol. . . . . . . 4 fr.
Histoire de l'astronomie, par le même. 1 vol. . . . . . . 4 fr.
Histoire des mathématiques, par le même. 1 vol. . . . 4 fr.

F. SCHRADER

Directeur des travaux cartographiques de la librairie Hachette et Cie

ATLAS

DE

GÉOGRAPHIE HISTORIQUE

AVEC LA COLLABORATION DE MM.

Bernard, Blondel, Bourgeois, Léon Cahun, Debidour, Diehl, Gallois, Froidevaux, Gauckler, Guiraud, Haumant, Haussoullier, Lavisse, Lemonnier, Longnon, G. Marcel, Maspero, Rambaud, A. Sorel, Waddington

CONTENANT

en 55 grandes feuilles doubles, 167 cartes en couleurs accompagnées d'un texte historique au dos et de 117 cartes, figures et plans en noir, avec un index alphabétique des noms contenus dans l'atlas.

1 VOLUME IN-FOLIO RELIÉ . . . . **35** FR.

Chaque carte séparément. . . . . **60** c.

Paris. — Imprimerie Lahure, 9, rue de Fleurus.

www.ingramcontent.com/pod-product-compliance
Ingram Content Group UK Ltd.
Pitfield, Milton Keynes, MK11 3LW, UK
UKHW031911260826
14628UKWH00003B/1117

9 782019 956936